U0067299

個別輔導手冊

教育部訓育委員會審閱　　林幸台　主編

心理出版社

個別輔導手冊

審閱單位：教育部訓育委員會

審閱者：楊極東　鄭崇趁

主編者：林幸台（國立台灣師範大學特殊教育研究所
教授）

編著者：林　幸　台

何　麗　儀

呂　　　琪

林　清　文

張　月　艮

張　銀　釵

序　言

　　目前國內青少年問題行爲有日益嚴重之趨勢，犯罪比率日漸升高，而犯罪年齡逐漸降低，此一現象，對於社會安寧與國家安全已構成相當程度之威脅，有識之士莫不引以爲憂。

　　輔導工作乃解決青少年問題之積極策略，教育部已訂定完成「教育部輔導工作六年計畫」，自八十年七月起執行六年，期能透過計畫之有效實施，逐步整合輔導活動，建立輔導體制，統整規劃輔導工作之發展，從根本解決青少年問題。

　　朝陽方案（適應欠佳問題行爲學生輔導計畫）係針對國中、高中適應欠佳且犯罪有案學生進行積極輔導，原爲「教育部輔導工作六年計畫」十八項子項計畫之一，因其輔導對象特殊，且有時效性之考量，連

同「璞玉專案」於七十九學年度先行推動，選擇問題
行為學生比率較高地區五縣市十七所國中試辦，自八
十學年度起則分階段擴大實施。

　　適應欠佳問題行為學生心理環境、生態環境與社
會環境均有別於一般學生，進行個別輔導、團體輔
導、及辦理成長營活動皆需較為專業之輔導技術，教
育部為落實本方案之效果，特邀請國立台灣師範大學
吳教授武典、林教授幸台及救國團總團部青年諮商服
務處劉處長安屯，分別主持編寫團體輔導手冊（吳
）、個別輔導手冊（林）及成長營活動手冊（劉），
一方面供作教育部辦理「個別輔導教師」及「團體輔
導教師」研習之教材，另一方面提供個別輔導教師、
團體輔導教師及成長營活動主持人實際進行輔導時之
指引。

　　至為感謝三位手冊編寫主持人及共同研究人員，
由於渠等之辛勞，在最短時間內為教育部建立一份寶
貴的輔導資源。

　　鑑於適應欠佳問題行為學生之殊異性太大，具體
的教育輔導措施均僅止於嘗試階段，三種手冊之編寫

已依據七十九年試辦結果，酌予修訂，相信已更爲周延，對於「朝陽方案」之執行與「教育部輔導工作六年計畫」之推展，當有莫大之助益。

謹識

於教育部訓育委員會

民國八十年十月

目　錄

壹、緒言

一、個別輔導的重點、目標與基本原則.................1

二、偏差行爲學生的不良適應狀況.............................4

貳、輔導方式與策略

一、晤談...10

二、家庭訪問...24

三、個案研究法...28

四、資源運用...36

參、輔導技術

一、價值澄清法...45

二、理情治療法...49

三、讀書治療法...60

四、行爲治療法......65
五、現實治療法......73
六、生涯輔導......76

肆、問題處理
一、外向性行爲問題......97
二、內向性行爲問題......117
三、學業適應問題......125

伍、附錄
一、個案基本資料卡......128
二、個別輔導記錄表......129
三、社會資源機構......136
四、個人喜好調查表......138

參考文獻......142

壹、緒言

一、個別輔導的重點、目標與基本原則

㈠重點

偏差行為有許多不同的定義，從輔導的角度來看，可以下列公式解釋偏差行為的原因與輔導重點：

$$偏差行為 = \frac{壓力 \times 不良習性}{支持系統 \times 適應方式 \times 自我功能}$$

上式表示：一個人壓力愈大、不良習性愈多（亦即分子的部分愈大），愈可能產生偏差行為，但如給予其精神或物質支持的人或系統較多、其用以因應壓力的適應方式良好、自我概念健全且調適的功能夠強（亦即分母的部分愈大），則比較不會產生偏差行為；如加強分母各部分的能力、減少分子各部分的強度，則可減少偏差行為的發生。因此對問題行為學生的輔導重點，消極方面可放在：減低其身心所受的壓力、減少其不良的習性，而積極方面則以增加支持系統的廣度與深度、培養適切的適應方式與能力、加強自我功能的力量為主。

㈡目標

輔導不可無目標，一般而言，可將輔導的目標分為：⑴矯治：針對已有嚴重困擾的學生，安排適切的輔導措施，協助其改變行為或觀念；⑵預防：係對可能有適應問題或正遭遇問題的學生進行輔導，以增進其適應能力，防止真正發生問題而造成嚴重後果；⑶發展：著重學生健全心理的發展，如自我認識與接納、價值觀念、道德意識、生計發展等。

針對行為偏差學生所實施的輔導，可從上述三個輔導的層面來規畫其目標。但由於此類學生已出現問題狀況，故須將矯治視為首要目標，進而為第二、三級的預防及發展的工作。具體而言，輔導目標及其順序為：

1. 處理現有問題，改變不良的習性；
2. 增進適應能力，預防可能再生的問題；
3. 探討自我的方向，發展未來的前程。

㈢原則

1. 輔導成功的要件：輔導工作千頭萬緒，然
   而只要能掌握其基本要件，自然可增加成

功的機會；下述三項允為輔導成功的基礎：

⑴了解當事人的心理需求與特性（請參考本章第二節）。

⑵獲取當事人的信任與合作（請參考第二章有關輔導的基本策略）。

⑶採用適切的解決問題方法與途徑（請參考第三、四章）。

2. 提供示範楷模（model）：配合上述基本要件，教師應以身作則，提供示範，同時亦可針對學生特性，在當地尋找適當的楷模人物，作為其模仿、學習的對象。

3. 綜合運用各種方法：偏差行為的形成由來已久，輔導除選擇適當的技術外，宜採用多種策略、運用多種技術，多方配合、多管齊下，以收時效。

4. 充分運用各種資源：各地區皆有熱心公益的人力資源（相關人士）以及有效的資訊資源，能多加利用，可收事半功倍之效。

5. 蒐集回饋資料，改進輔導技術：輔導效果無法立竿見影，且輔導過程中，不免囿於

己見或有所疏漏，均應透過學生、其它教師及家長的回饋，以確實改善各項輔導措施。

二、偏差行為學生的不良適應狀況

㈠偏差行為學生不良適應的行為表徵

所謂「異常」與「正常」是相對的，不是絕對的。當學生個人心理與社會功能發生障礙時，其可能出現的行為癥候，原因多端，對各人意義也可能不同。一般而言，偏差行為學生除可能有犯罪事件外，同時亦可能伴隨其他適應欠佳或偏畸習性。偏差行為學生常見的不良適應行為表徵如下：

1. 不誠實：如說謊、欺騙、偷竊、考試作弊等，這種情形往往顯示孩子覺得不能如同其他孩子一樣地有公平競爭的機會或被他人接納而出此下策。

2. 懶散：指不願做他應做而且能做的事。可能因為缺乏動機，也可能由於自我觀念不健全或對環境持消極的態度。

3. 退縮：退回到個人內在封閉的世界，無法與他人溝通，顯示可能缺乏人際技巧、受

到重大的挫折、或過度的內疚與羞惡感，以致不能因應社會要求。此種孩子由於保持緘默及不惹麻煩，在學校中常被老師忽略。

4. 疲乏：缺乏精力而無身體上的原因。可能表示他有著深度的恐懼或衝突，消耗了他的大部份精力；也可能由於活動與休息缺乏平衡。凡此，均足以減低其工作效率。

5. 缺席：經常缺席（可能是逃學、逃家）是問題的癥候。可能因為健康問題，亦可能是情緒原因（轉化為健康問題，如畏懼上學，常以生病為託辭）。此外，父母允許缺席，亦為可能原因（如動輒要孩子留在家裡幫忙，使孩子覺得上學並不重要）。

6. 過度向成人表同：童年、少年是通往成熟必經之路，如果孩子因觀念或技巧的問題，不願或不屑與同儕來往，卻完全生活在成人的世界裡，完全向成人表同，甚至學習抽煙、喝酒、蓄髮、嚼檳榔等行為，可能使他不安於學生現有的環境，更可能

無法形成自我統整意識。

7. 過度向團體表同：就發展上而言，任何人都需要學習與他人相處。然而，過度的依賴友伴團體以獲得滿足與安全，再伴隨著對成人世界的冷漠或敵意，就可能造成問題。

8. 不尊重權威：蔑視權威和規則，往往表示孩子覺得權威人士或法令規章不公正，他不被瞭解或接納，而他惟一的辦法是反抗權威。教師代表權威，因此，孩子很可能把對校外權威的態度類化到教師身上來。

9. 破壞公物：破壞公物就含有反抗權威之意，不同的是：偷偷破壞公物表示他不敢公開反抗或接受行為的結果。此種行為表示孩子不能表達情感，且自覺無法應付充滿挫折與不公正的世界。

10. 殘酷：往往與蔑視權威與破壞公物有關。對幼童或小動物表現虐待行為可能是一種轉移的攻擊－－原來的箭頭是指向父母、老師或同伴。這種情形往往與父母或老師

的殘酷示範（如體罰）有關。

㈡偏差行爲學生情緒困擾的訊息

上節所列都是不良適應行爲的表現。此外，再就心理與情緒困擾來看，亦有一些訊號值得注意：

1. 情緒不成熟：有兩種情形，一種是比同齡者表現較多幼稚情緒反應，即整個行爲型態類似較早期的發展階段；一種是在許多方面（如身體或智力）已達平均水準或超過之，但情緒發展顯著落後。

2. 社交的困難：不能與同伴和好相處，即使能交朋友，亦不能維持長久。通常有三種情況：⑴經常成爲欺負的對象，不敢與其他孩子接觸，或蟄伏在家，喜歡獨立尋求樂趣；或僞裝長大，專與父母或其他成人一同玩樂。⑵專與年齡大很多或小很多的人相交，喜歡從事與其性別或年齡不相稱的遊戲，因而使他與同年齡友伴隔離。⑶在家裡，與兄弟姊妹不睦，與父母時起爭執；在學校，或目空一切，敵視權威，或孤芳自賞，拒絕參加任何團體活動。

3. 過度的不滿足：好比幼童一樣，凡事不滿足，總覺得別人的比自己的好，要這要那，但東西一到手，又加以破壞，或棄置不顧。此種情況可能顯示物質上的收穫不能滿足其心理需求，心中實另有所繫。

4. 不能忍受挫折：遇小困難就放棄，或故意懸一高不可及的目標，可以藉口做不到而有理由不履行義務，此種情形均可能是曾有挫折經歷、未能學到如何面對困難等因素，以致挫折忍受力較低所產生的狀況。

5. 不能面對現實：不能承擔起自己的困難，而使用防衛機轉，尋求暫時的庇護。例如以常「不小心」或「忘記了」的說辭取得他人的諒解，或完全抹煞事實，躲進幻想的世界裡。另一種相反的情況是一味順從他人或過度的道德化，以表示對現實無條件的妥協，雖然內心是多麼的不甘願。

6. 學習的困難：情緒困擾者常有學習的困難，不能專心注意，神志游移不定，或對學習活動意興闌珊。由此導致讀寫及溝通的

困難，甚者，因缺乏好奇心與嘗試興趣，使心理功能大受窒礙，無法從事任何創造性活動。此種困擾往往與人際關係的不安定與對兩性情事過度焦慮有關。

個別輔導手冊

貳、輔導方式與策略

一、晤談

㈠晤談之意義

晤談是具有目的談話,是兩個或兩個以上的人,具有一定的目的,面對面(face-to-face)談話的方法。晤談的問題不限於談話的內容,主要是在有計畫的觀察學生的態度、談話、表情如何變化等。

㈡晤談的四種基本態度

1. 溫暖的、關心的,而不是冷漠的。
2. 接納的,而不是批評的、拒絕的態度。
3. 同理的,不是過份客觀、局外人的態度。
4. 尊重對方的,不是輕視他的態度。

㈢進行晤談的注意事項

1. 晤談前的準備事項:

   (1)建立融洽感情,如此學生才能信任老師,使得晤談容易獲效。因此首先應考慮晤談的時間,必須在雙方均有相當良好的心理準備時,才可能有效進行;通常可先查閱學生的課表,再以書面方式邀約晤談時

間。

(2)從資料中整理、掌握該生的問題所在，做為談論的話題，但是這種準備不能用以拘束晤談之進行，應以晤談來補充所了解的狀況，晤談所得的結果有可能推翻這些舊資料，亦需特別注意。

(3)晤談的地點亦應有所選擇，凡可能干擾談話的因素均應設法加以排除，務使雙方均能在平和的情境中，無所拘束地進行交談。

2. 晤談時應注意下列各點：

(1)教師應該是個好的「聽」者，不可以喋喋不休，但是對於話題的要點應加以把握。

(2)對方避免談及的私事或不願透露的事項，暫時不要追根究底加以詢問，可待雙方建立良好關係後再行瞭解。

(3)不可任意中斷對方的談話，發表自己的意見或妄加批評。

(4)即使知道對方在撒謊或不願積極發表意見，也不要強迫追問下去，待時機成熟

後，再以「理情治療法」的方法加以澄清。

(5)保持談話內容的秘密。

(6)宜於晤談後摘錄要點（所談內容、對方的反應、建議事項等）做成記錄：對於晤談結果的解釋宜慎重，力求正確。

㈣晤談關係的建立

融洽的晤談關係是影響晤談成效的重要因素，因此會談過程中應具備下列要素：

1. 信任：即信任學生以獲得學生的信任。學生都有尋求被信賴的需要，唯有信任學生方能使之無話不談、無言不盡，亦才能博得學生充分之信任。

2. 接納：允許學生自由表達其意見，同時接受學生也有權利擁有他的思想、感覺與價值觀。

3. 尊重：尊重學生的獨特性，接受他的獨特人格。

4. 真誠：能覺察學生對自己的感覺，並能不掩飾、不歪曲、自然的流露出情感與態

度。

5. 雙向溝通：教師的信任、接納、尊重與眞誠的態度，必須使學生察到覺到，這有賴於師生之間的雙向溝通而非單向的訊息傳遞。

㈤晤談的基本技巧

晤談是溝通的重要管道，要達成溝通的目的，必須講求技巧，以下僅就一般較重要、需特別注意的技術加以說明，涉及理論與其它相關的方法的部分可參考第三章各節，具體的練習可參考黃正鵠（民71）、黃惠惠（民80）、劉焜輝（民74）等書。

1. 傾聽：眞正的聽話乃是所謂的「傾聽」，它與普通的「聽」不同，因爲「傾」字包含有專心與主動的意味；它是心、眼、耳並用的。傾聽一般可分爲「行爲上的傾聽」與「心理上的傾聽」兩大部份，而且二者相輔相成、缺一不可。茲簡單的說明如下：

   ⑴行爲上的傾聽：這是指教師與學生談話時，在行爲上採取一種「積極參與」的姿

態，諸如語調與臉部表情的變化，身體的略向前傾，保持眼睛的接觸（但不是「瞪視」），避免雙手交叉抱於胸前，這些行爲表現都足以使學生感到老師正在專心的聽他說話，因而願意說的更多。

(2)心理上的傾聽：教師應該主動的聆聽學生的口語表達，並仔細的觀察學生非口語的表達，也就是注意他的行爲，亦即不僅聽學生說出來的表面意思、更要從其行爲中看出他話中所隱含的意義。非口語部份則包括了學生的姿勢、動作、臉部表情、說話的語調、抑揚頓挫等，這些行爲語言可以幫助教師對學生有更多的了解，但是也應該注意不可過分的依賴它，而忽略了其他的溝通內容。

總而言之，傾聽有下列的作用：

(1)辨別：分辨出學生問題的重要性、立即性，乃至是眞是假。

(2)尊重：因爲傾聽可使學生感覺到被重視，也因此可較易得到學生的好感與信賴。

(3)增強：使學生更願與教師談話，並減低焦慮。

(4)激發反應：由於傾聽易顯出教師的關懷與興趣，進而刺激學生能更具體的探討其問題。

2. 接納：一位教師能接納學生、關心學生，乃是教育愛的自然表露。祇有尊重學生的權利，對於學生的問題表示關心和接納，方能使學生排除緊張、懼怕，消除其自我防衛，從而能暢所欲言，面對問題，尋求解決。讓學生充分的表達並接納其表達，包含了下列三項要件：

(1)臉部的表情：教師必須隨時表露真誠的態度，以愉快的心情，面帶笑容，切忌作假。如果教師發覺自己當時情緒不佳，寧可向學生說明，另訂時間再談。

(2)語調的變化：透過談話的聲調與語句的抑揚頓挫，可以感受到他人對自己的態度，所以教師應隨時保持親切的語調，並隨著問題的變化而變換語調。

(3)距離與姿勢：一種態度的表達，可以從空間距離表現出「趨近」或「疏離」。故教師在與學生談話時要保持適當的距離與姿勢，諸如打呵欠、雙手交叉抱於胸前等行為，都應避免，因為類似的動作或姿勢都代表疏離的意思。

教師接納學生固然重要，但也應該注意下列情況：

(1)接納並不代表認可或同意，而是把學生看作是一個平等的人，他有權表達他的想法，即使那種想法與我不同。

(2)接納並不僅是保持中立，而是指「即使我不同意你的想法或感覺，但是我仍願意聽聽你的表達」，所以接納是一種主動的、積極的態度。

(3)接納並不是忍耐，因為忍耐是有其限度，它是一種偽裝，且只是暫時如此，過了此時就不同了。而接納則是表裡一致的，你可以表達你想法，我仍可表明我的意思。

3. 同理心：教師能站在學生的主場，去體驗

感受,從而能協助學生能對問題做更深入的探討,由此可見師生之間的溝通的確需要倚重「同理心」。在會談過程中同理心的運用,下列事項需加注意:

(1)同理心的層次問題:同理心有所謂初層次與高層次之分,一般說來,在談話開始之際,不太適宜做較高層次的同理心反應,要以「站在學生的立場去體驗他的感受」的心理,從表達學生明顯的感覺、行為及經驗的了解做起,至少可以讓他感覺到老師是真正關心我、他已真正了解我的情形,有此體會,自然可以拉近師生的距離,雙方即可在互信互賴的關係上,共同面對問題,爾後再做高層次的同理心反應,亦即對學生較多隱秘而未直接表露出來的部分做反應,則可事半功倍,達成探究問題真象、分析問題癥結的目的。

(2)要以新鮮及學生能懂的詞彙來表達:正因為教師要表達學生的感受與情緒,所以應該避免與學生的用語重複,而宜以其他意

義相似的詞語來表達。同時更應注意，表達所用的詞語，必須能符合學生的程度，否則難免會發生「對牛彈琴」的情形。

(3)應使用富有彈性的假設語氣並且適時反應：例如使用「好像……」、「聽起來……」、「似乎是……」等類似的語句，一則可以避免過於武斷；二則可以使學生有修正、否定或接受的機會。

4. 引導：「引導」並不是教師決定學生表達的方向，而是在協助學生能進一步表達其問題。也就是說，教師在與學生談話過程中，爲了協助學生對問題有更好的處理，因而以鼓勵性和啟示性的語句，讓學生能對問題做更多的表達，更廣泛的了解，從而能更趨向解決問題的核心，避免漫無邊際和缺乏主題的閒談。國中學生的思考能力尚在發展，其判斷力與辨識力仍未成熟，對問題的認識與思考往往是衝動的、缺乏深思熟慮，因此給予適當的引導有實際上的必要。一般而言，下列的幾項原則

可供參考：

⑴所作的引導，應該以學生現在的能力與了解程度為主，並以現有的資料為起點。

⑵應該多用接納性的語言，亦即多用鼓勵和啟示，儘可能避免使用批評或責備的語言。

⑶所用的語言必須是新鮮的，有內容的，更應有適當的變化，切忌刻板化。

⑷一般言之，談話開始之際少用引導，等到良好關係建立後，才使用引導技術。

⑸多用開放式的問句，少用封閉式的問句。例如「你今天不高興嗎？」和「什麼事讓你不高興？」兩種問句就明顯不同：前者回答「是」與「否」，而不知他為什麼不高興；後者則可使之說出是為了什麼而不高興，由此可以了解事實狀況。

5. 發問：在晤談過程中，教師應儘可能採用開放式問題以替代封閉性問題，提出的問題應注意下述四個層面：(1)問題的時間性，選擇學生情緒平穩、心理已有準備的

時刻發問，則較能獲得預期的結果。(2)問題的人際性，問與答涉及雙方互動的關係，因此學生能信任老師，則對問題較可能做積極的反應。(3)問題的廣泛性，提出問題應先考慮問題要在學生所能回答的範圍內，答案有助於雙方對事情的瞭解。(4)問題的習慣性，提出問題的方式與個人習慣有關，因此老師必須注意平日慣用的問法是否能得到預期的效果，如發覺不能達到目的，可能需要改變問題方式，讓學生有較大的空間說出他心中的話。

(六)抗拒的處理

1. 會談中的抗拒：抗拒是諮商過程中的常見的現象之一，與問題行為學生個別會談或諮商過程，抗拒的情況更是屢見不鮮；妥善處理學生的抗拒心理是與問題行為學生會談成功與否的重要關鍵之一。會談中，學生表現抗拒的方式相當多，沈默是最常見的抗拒方式之一，被要求接受輔導的問題行為學生，在會談中可能會拒絕開腔，

而只表現點頭或搖頭的動作；某些學生亦可能採取敵對的態度，口出：「如果我不這樣的話，我就不必來這裡了」、「你要做什麼？我根本不想來」、「我不願見你」等等挑釁的言語，表達其抗拒。其他的抗拒表現可能還包括：強詞奪理、唯唯諾諾的虛應故事、防衛逃避的裝瘋賣傻，和圓滑世故的奉承順從等等方式。

2. 抗拒的可能原因：抗拒行為可能源自各種不同的原因，常見的包括：學生不知道為什麼要接受輔導、學生因怨恨第三者的轉介，而將怨恨轉嫁到輔導老師身上、害怕陌生情境、學生覺得會談是一種強力的折磨或多餘的處罰、學生覺得接受輔導等於示弱或承認失敗等等；某些學生亦可能為考驗輔導老師的誠意和能力而表現抗拒。瞭解抗拒的原因，可有助於問題的處理和會談的進展。

3. 處理抗拒的策略：

   (1)避免自我譴責：輔導老師應該避免不必要

的愧疚感，同時要認清自我要求過高的完美主義，對會談的效果不會有太大的幫助。

(2)檢視學生的抗拒的心理意義：輔導老師可以思索下列問題：「學生從抗拒中期望得到什麼結果？」、「學生的抗拒是否源於輔導老師的權威象徵而來？」「他會不會把合作認為是弱者的表現，而故示抗拒？」。面對學生的抗拒，輔導老師仍宜繼續接納之；且確信透過會談對學生會有助益。

(3)使用反映技術：會談中，輔導老師可以以坦誠的態度，直接處理消極的感受。並幫助學生瞭解：「我的感受已被接受並瞭解」、「會談並不是一個否認消極感受的過程」、「會談中可以談論心理的感受」、「在會談中學生有權利表達其內心的不滿」、以及「輔導老師可以體諒學生的內在世界，願意以關切、尊重的態度和學生一起解決問題」。

⑷適當的使用解釋技術：在對學生有較多的瞭解和良好的會談關係的基礎上，適當的透過對外界資料及學生主客觀資料的解釋，可以提供學生對自己更多的了解，並協助其澄清抗拒的原因和問題的性質；進而讓學生了解會談是雙向溝通的歷程，輔導老師有能力，也有信心來協助其問題之解決。例如，在會談中針對學生的沈默，輔導老師可以覺察到學生的畏懼，而直接向他解說：「阿華，可能你沈默的真正意義是你害怕冒險去改變」。

⑸適時的自我表達：輔導老師可在適當的時機，以接納和同理的態度，向學生表達其個人內心的感受，使學生瞭解別人對其行為的反應，並進一步和學生討論，以尋求解決的方法。例如在長時間的抗拒對峙之後，輔導老師可能覺得不舒服，而直接向會談學生表示：「阿強，現在我心裡覺得不舒服。我想幫助你，但是你好像不願意討論此問題，這件事是很重要的，我們須

要彼此坦誠的討論一下。因此,我們不妨
有話直說好了」。

二、家庭訪問

㈠家庭訪問的意義

訪問法也是輔導工作法中常用的方法。訪問的對
象,大多數是學生的家長,所以「家庭訪問」成爲一
般學校教師的重要工作。本來,學校教育就是要與家
庭共同進行的,而學生各方面問題的解決,與不良行
爲的糾正,更需要聯絡家長共同進行,方能獲得效
果。

家庭訪問時,要注意的是讓家長認知我們是關懷
其兒女,並視家長的教育程度說明「親職教育」的重
要性,使家長負起爲人父母的責任。尤其部份家長對
子女的管教方式及態度或對學校行政措施,教學方式
確實有偏差、不滿,是故家庭訪問實可使家長與教師
對學生的管教相配合及對學校行政措施趨於一致,以
免造成學生心理上的不平衡,影響其人格的發展,甚
至造成教師教學上及學校行政上的困擾。

㈡家庭訪問的方式

家庭訪問,分定期與不定期兩種:定期訪問,旨

在了解學校的家庭狀況，及其家長的教育觀念與管教子女的方法，以及該生在家生活的情形，好讓教師對他採取合適的教育方式，幫助他完成學業和個人發展。不定期訪問，便於分析事態，並與家長共同研究解決和處理的方法。

㈢家庭訪問的實施

1. 家庭訪問時間的安排：

   (1)由教師依實際情況自行安排，若遇有突發事故應即刻訪問或連絡家長，了解實情，以便處理。

   (2)可由家長安排訪時間，經教師同意後前往訪問。

   (3)訪問前以電話或書面通知家長。

   (4)利用課餘或假日等時間前往訪問。

2. 家庭訪問方式的安排：

   (1)正式訪問：由教師親自到學生家庭訪問，與家長直接晤談。

   (2)非正式的訪問：遇有不能直接從家長方面獲得所需資料時，可訪問學生的鄰居或附近的同學。

(3)電話訪問：這是最常用，最便捷的方式，因為目前幾乎每個家庭均裝有電話，可藉此與家長多聯繫，以了解學生的近況，以示關懷。

(4)使用連絡簿：教師可善用連絡簿將學生在校的生活狀況－如優劣行為或課業成績等書寫於連絡簿上通知家長。

(5)約請家長到校：教師可利用電話或書信約請教師到校，共同商談學生現況或輔導事宜。

㈣家庭訪問注意事項

1. 預先通知學生家長，約定日期和時間，前去訪問，以免家長外出，徒勞往返。

2. 訪問最好利用課餘時間，如放學後或假日進行，以免妨礙功課。

3. 要注意不妨礙家長工作時間，不接受招待，並先行擬定訪問要點，用筆記下，以免與家長談話忽略重心。

4. 可與學生同去，以免路途不熟，人地生

疏，種種不便之處。

5. 訪問時，服裝要樸素，須能適合教師的身份，並須顧及學生家庭生活水準，以能配合為宜。

6. 訪問時，態度要謙和，言語要誠懇，表情親切自然，使家長發生好感。

7. 說話要動聽，要誠摯，要能深入而有效。如果談到某項問題，家長固持己見，須和顏悅色婉轉說明，不必與家長發生衝突。

8. 先敘述學生優點，後說明其應當改進之點，再請家長協助，可使家長樂意接受。

9. 對待任何家長，態度要一致，絕不能因其貧富貴賤而有區別，更不能有厭嫌其家庭不清潔髒亂的態度。

10. 對於家長遭遇不幸事件，要表同情，要加以慰問。

11. 對於家庭有喜慶的事，要表誠懇的祝賀之意。

12. 與家長談話時，可令學生離開，俾能盡情表達，坦白說明。

13. 家庭如有請求，在可能範圍內，要予以幫忙，達成家庭的願望。

14. 訪問後應有記錄。最好在返校後追記，切忌當著家長面前記錄。

三、個案研究法

(一)個案研究的意義與目的

1. 意義：以一特定學生為對象，廣泛蒐集個人資料，徹底了解其各方面行為及其發展歷程，然後加以研究分析，以確定問題與困難原因，進而提出適當輔導方法，協助其改善行為，增進適應能力。

2. 個案研究的目的：

(1)了解行為動機：表面上是同一種行為，但其動機常有很大的區別，如偷竊行為有因需要而偷竊、因報復而偷竊、因欲引起注意而偷竊等。

(2)探求問題的癥結，必須深入探討，方能有利於解決問題。

(3)明瞭身心發展歷程：除了個人身心發展之個別情況、生長環境、撫養背景之不同對

身心發展均極有影響。

(4)了解個人人格特質：每個人之人格特質對行爲之影響也不同。

(5)協助解決問題增進個體的適應。

(二)個案研究的步驟

1. 確定個案：理論上，所有學生都可以是個案研究的對象，但因人力與經費的限制，因此，須考慮其必要性，需要深入探討的問題並予以輔導的學生即可列爲個案對象。

2. 確定個案的問題：注意其內在外在的特徵，蒐集各種資料、學校記錄、師長親友的觀感等，以確定其問題行爲。

3. 蒐集資料：

(1)測驗法：各類心理、智力測驗，但實施及解釋時務必謹愼客觀。

(2)觀察法：在教學過程、日常生活中均應隨時仔細觀察。爲避免陷於主觀或偏見，應長期觀察並隨時記錄。

(3)問卷法：採用現成問卷以了解案主的態度

或意見。若自行編製問卷則必須完備，視情況採用閉鎖式、開放式、綜合式或圖畫式，但必須使作答者充分了解，避免暗示答案，且要求根據事實作答，避免有道德上的批判，或不利於個人之敏感問題。

(4)訪問法：社會、鄰里及家庭各有其特色，訪問可深入了解，也可以建立教師與家庭、社區之人際關係。（參見上節）

(5)社交測量法：可假設各類情境發問，例如以「明天烤肉要跟誰一組」等問題，根據全班學生的反應，繪製社交圖以了解其交往情況。

(6)晤談法：引導個案談話，探出問題行為之原因，常是有目的、治療性的面對談話，需要注意引導談話之技巧。（參見上節）

(7)資料文件分析：充分運用現有檔案紀錄，如基本資料卡、週記、日記、作文等，但須避免先入為主的偏見。

(8)生理檢查：有許多問題行為常是源於生理上之不適或疾病因素，生理檢查當有助於

診斷原因。

4. 分析資料診斷原因：資料必須仔細研究、分析、整理、發掘學生問題的原因，必須注意其主要原因及次要原因，也要注意表面現象下更深的真正原因。必要時，可以個案會議方式，約集有關人員，探討癥結所在。

5. 輔導與處理：依據診斷的結果，選擇適當的輔導措施進行輔導。（請參考第三、四章）

6. 檢討輔導效果：進行輔導時，應隨時蒐集案主有關資料，檢討所用的輔導措施之效果，並以個案會議的方式研商可行的輔導方案。

7. 追蹤輔導：個案結束後應加以追蹤，以確定輔導成效。若情況的進展不能令人滿意，困難仍然發生，應連繫相關人員，重新診斷原因，找出補救方法。追蹤輔導期間之長短，視需要而定。

㈢**個案會議**

由輔導就個案問題召開會議，邀請導師、訓導人員、心理輔導、法律界人士等相關人士，共同研討問題，診斷原因確定輔導策略並記錄輔導過程。會議可視實際需要隨時因應情況召開或定期舉行。

㈣**個案報告**

個案報告的內容包括下面幾項：

1. **基本資料**：包括案主的性別、年齡、籍貫、通訊處（電話）及編號等。

2. **問題概述**：明確、簡單的說明問題行為。例如：逃學，案主自×月×日至×月×日，計×次。

3. **背景資料**：應包括個人、家庭、學校、社會交往、測驗等資料。背景資料的蒐集主要在說明問題行為，譬如說案主的問題行為是逃學，則背景資料就要用來說明「為何逃學」，提到「對課業沒興趣，考試成績低落」，如果輔導者發現案主逃學和成績很有關連，就要列出各科成績等更詳細的資料。又若提到「和不良少年為伍」，就要交待案主是和某某人為伍、交往情況

等資料。如果影響甚鉅，後面的輔導經過
記錄，還要追蹤其交往情形。

4. 分析與診斷：亦即說明案主爲何有此行
  爲。字數不必多，以便於提出輔導策略。
  分析與診斷，就像 X 光一樣，要透視問
  題，而診斷必須有依據，此依據就是所蒐
  集的背景資料。因此所收集的背景資料必
  須客觀，才能充分利用，並且利於診斷。
  其寫法不要太冗繁。例如可言：
  (1)案主身高一七五公分，孤獨無友，不喜歡
    上學，遂有逃學行爲。
  (2)案主智商八十，無法應付學習活動，聽不
    懂上課內容，遂有逃學行爲。

5. 輔導策略與方法：輔導策略，就像醫生的
  處方，必須對症下藥。而診斷正確，始能
  下藥無誤。輔導策略成功，行爲才能有所
  改變。因此要有成功的策略，必須根據前
  面的分析、診斷來決定。輔導策略與實
  施，應該相連貫，例如：「改變家長觀念
  ：進行家庭訪問……等。」「改變家長觀
  念」爲輔導的策略，藉以達成輔導案主、

解決問題的目的，而「進行家庭訪問……等」即用以實際進行上述策略的方法。

6. 進行輔導：根據所擬之輔導策略與方法進行輔導，在實際進行過程中，可依事實需要略做調整；至於整個過程所做的的記載，應如流水帳似的詳盡，但在個案報告中，則可濃縮，並可將類似的輔導經過放在一起比較，並交待清楚。例如如果「欲改變家長觀念」，在輔導過程就要交待和案主父母如何溝通，溝通程度如何？

7. 檢討與改進：結案時，不管成功或失敗，都必須檢討現況。看看案主的行為有沒有改變的地方？如何改變？影響因素為何？另外尚有那些需要再努力？究竟是什麼缺失？其檢討都要客觀、具體。

(五)個案研究注意事項

1. 區別「個案輔導紀錄」與「個案研究報告」：前者可詳細記錄輔導過程（如病歷表），後者則是根據前者而加以歸納整理（如治療報告）。

2. 避免使用含糊的字眼：個案輔導過程中，應避免出現「也許」，「可能」，「大概」等字眼，應具體記錄「何時、誰、如何……」等。

3. 避免將「輔導策略」與「策略的實施」混爲一談：輔導教師可自問自答：「我採取的輔導策略是什麼？」「我以何種方法執行此策略？」「執行時有何困難？」「實施以後有什麼結果？」

4. 資料的解釋應客觀，避免加入個人主觀意見。

5. 輔導策略應能「對症下藥」：例如學生在家有問題，即應與家長聯繫，否則等於沒輔導。

6. 輔導結果應有所交待，避免含糊其辭。

㈥其他有關問題

1. 個案會報與個案輔導會議必須分開，個案輔導會議是秘密的，可視情況經常性的召開，而個案會報是將四、五個個案集中在一起，一學期召開幾次。

2. 個案輔導的量化值得商榷：人是整體的，不易將其行爲改變的程度加以量化，行爲改變應以人爲對象，因此除量化數據外，尚應考慮其它有關的資料，綜合分析之。

3. 輔導效果的驗證必須運用適當有效的工具。

4. 個案研究應充分運用人力，單兵作戰常事倍功半，可多爭取校內其他老師的支援，成立一個輔導小組，尤其是導師的參與更有助個案的處理。

5. 多參與相關機構所辦之個案研討會或閱讀個案報告書籍（如臺北市教師研習中心、新竹市政府等單位所編之個案報告叢書），汲取他人經驗。

四、資源運用

㈠運用社會資源的意義

如何利用校內外資源來協助學生輔導工作的推展，至關重要。校內資源指全校教職員同仁及社團活動組織等。校外資源指可協助本校學生之輔導工作的社會機構及專家學者等，諸如：社區心理衛生中心，

救國團張老師，國民就業輔導中心等。校內外資源的運用，具有下述之功能：第一、提供學生全面性的服務；第二、幫助老師疏解學生輔導工作上的壓力；第三、促進輔導知能的交流。

㈡社會資源類別

由於我國輔導工作在近年來迭有進展，校外的各種輔導服務機構甚多，也都能針對某些特殊問題有所專精，如能獲得他們的協助，學校內學生輔導工作的壓力與挫折就可以減少很多。在偏差行為學生輔導工作上，經常使用的社會資源約可分為下列七類：（見附錄三）

1. 家庭福利服務：因為家庭對學生發展之影響最大，如何協助學生之家庭，遂為教師之重責。當教師感到困難時，可求助於下列幾種機構：

   ⑴家庭輔導機構，此類機構通常服務功能包括：⒜為家庭與個人提供解決的方法與設法預防問題的發生；⒝輔導父母對子女的管教問題；⒞輔導解決親子衝突；⒟舉辦親職教育等。相關機構如救國團「張老師

」、天主教華明心理輔導中心、宇宙光心
理輔導中心、現代人力潛能開發中心、信
誼基金會等。

(2)家庭福利機構，此類機構通常服務項目包
括：(a)各種家庭教育活動；(b)救助貧病，
獎助學金申請；(c)家庭生育服務等，如中
國家庭教育協進會、中華兒童福利基金會
及各地家庭扶助中心、友緣社會福利基金
會等。

2. 特殊教育服務：如本校沒有特殊教育單
位，教師遇到必須接受特殊教育的學生，
可以轉介至其他辦理特殊教育的學校或機
構，包括各師範院校所設之特殊教育中
心。

3. 職業諮商就業服務：國中學生的就業服務
以各地國民就業輔導中心及就業服務站為
主，職業訓練中心則有偏向技術及服務性
工作的技藝訓練。

4. 醫療服務：因為各校設有保健人員，生理
醫療均屬之，但有關公共衛生則多需倚界

當地醫院協助校方辦理。

5. 心理衛生服務：心理衛生服務均具有預防與矯正的功能。包括：

(1)青少年心理衛生門診－－以精神醫療爲主，大都附設於各大醫院門診與精神科，例如台大醫院附屬兒童心理衛生中心，榮總青少年衛生門診、耕莘醫院青少年心理衛生特別門診等，有些醫院計劃在各地區設置心理衛生中心，擴大其預防效果。

(2)預防性心理衛生服務－－主要爲台北市、高雄市及台灣省衛生處（局）設置之社區心理衛生中心，以心理衛生推廣工作爲主。

6. 青少年保護服務：我國對破碎家庭的兒童與青少年保護服務較少，中途之家與扶養家庭制度尚未普遍成立，臺中青少年之家爲少數提供此類服的機構，教師亦可從學生的親屬代爲籌謀保護措施。

7. 育樂服務：以校內社團活動及童軍爲主體，而校外則有社區活動或青少年旅遊活

動。這些育樂活動可以培養人際關係、選擇嗜好，故輔導老師設計預防推廣性的心理衛生活動，可借助或結合各種育樂活動實施。有些機構之青少年育樂營則兼具輔導矯治的功能，如「幼獅育樂營」及其延續輔導，則為協助學校輔導老師矯治虞犯青少年。

(三)轉介程序

輔導老師一旦發現可運用校外資源來協助個別學生進行輔導時，即可考慮採取下述之轉介程序：

1. 考慮什麼時機轉介：在輔導過程中，有時輔導老師尚未了解學生的真正困難及需要，就貿然將其轉介出去，不但學生感到受傷害，且對轉介後的輔導也倍加抗拒。另一種情形是輔導老師太過自信，不願輕易的轉介，反而耽誤矯治時機，再轉介也收效不大。至於轉介的良好時機如何把握，需要根據輔導的老師客觀的評估作決定，包括學生的心理準備程度是否可以接受此種建議？學生問題的難度是否已超過

能力範圍？轉介後的輔導是否對學生眞正
有幫助等。

2. 考慮是誰需要轉介：也許有人會認爲在學
校中的個案應該都是學生，因此不必多加
考慮都可以轉介出去。其實不然，在很多
發生問題的情況中，有時不完全是學生需
要輔導，反而是家長的態度上有偏差，甚
至是學校老師執行校規時尺度不一。因
此，在這種情形下，老師不妨一面輔導學
生，一面利用校內外資源機構，協助父母
學習正確的親子相處的態度，或協調溝通
同仁之間的觀念。

3. 考慮轉介的資源機構：每個資源機構均有
其特殊的服務範圍及限制，因此，在轉介
之前，事先收集每個相關資源機構的詳細
資料，清楚的了解該資源機構的能力與特
長、聯繫的途徑及方法，以便評估那些資
源機構，可以符合學生的需要，作適當的
選擇。行政上應與相關的資源機構，建立
起聯繫管道，籌劃合作轉介的計畫，才能

使老師迅速選擇合宜的轉介資源。

4. 正確的轉介：老師經由客觀的評估，作轉介的決定之後，下一步就是與學生討論轉介事宜。很多學者都強調，建議學生轉介時，老師的態度非常重要。適當的態度如下：

(1)以誠懇的態度，向學生說明轉介的目的在於提供生學生更佳、更多的服務及協助，以免學生感覺自己問題非常嚴重或覺得被老師拒絕。

(2)必要時，應向家長說明轉介的目的，同時解釋該轉介機構可以提供的協助。但是不能誇張其機構的功能，以免使學生或家長有不切實際的期望或幻想。

(3)容許學生拒絕轉介。有時或許是時機未到，或許是因老師說明不夠完全，以致引起學生的誤解。遇到這種情形，老師暫時不要強迫學生接受轉介，待時機更成熟，學生感覺需要時再提轉介之議。

㈣轉介應注意之事項

轉介的過程中，轉介者必須體察受轉介學生之需要、問題、意願與對接受轉介機構之瞭解，以下是有關透過轉介程序運用社區資源所必須注意的事項：

1. 在還沒把學生轉介至校外資源前，請先細查校內是否有資源可供協助。

2. 在轉介之前，與資源機構或專家進行討論；有些機構很願意與學校合作，推行預防工作。

3. 在轉介之前，先找出與學生、家長有接觸的人，並與之接觸討論，以獲得多有用資料；如能舉行個案會議，可以獲得更多的資料。

4. 在轉介服務時，必須指派一人擔任學生、家長與受轉介機構之橋樑，並負責新資料的蒐集，其他人應將新資料彙集，由此人再與對方連繫。

5. 先熟悉受轉介機構對轉介個案的服務態度與是否該機構已有接受轉介的準備，再決定是否轉介入該機構。

6. 切記轉介時，不致對轉介機構一無所悉，

不要以為「一通電話，服務就來」。

7. 當辦理轉介時，務必向學生與家長言明受轉介機構的性質、服務限制，不要引發學生認為受轉介機構是萬能的幻想。

8. 不要要求學生或家長提供不詳實的資料欺瞞轉介機構，以獲得高水準機構之同意轉介。

9. 儘可能讓學生與家長自己安排與受轉介機構之服務，不可強逼學生接受轉介機構之服務。

10. 如果學生與家長在轉介初期對轉介者相當依賴或表現被動，不要吝於幫助，例如為他們安排交通或陪他們去，都可能使轉介的過程更順利有效。

11. 在轉介之前務必取得學生與家長的同意一一這是相當明智的作法，以防日後發生糾紛。

12. 幫助受轉介機構的轉導員知曉何人可代表學校接受諮詢，並可提供所需資料及接收轉介服務報告。

參、輔導技術

一、價值澄清法

△我活著是爲了什麼？

△有沒有那些信念和原則是我所堅持的?

△是非善惡、公平或正義是否會在我的生活、行
　動中體驗、實踐？

　這些根本而嚴肅的人生課題，簡單地說就是一個
人怎麼樣和他所屬的社會相關連。一個人要熱心、有
目標的活而不是混亂、迷惑、漠不關心的活的話，需
要和環境建立起清楚而明確的關係，他就必須有一套
信念來支持自己的想法和行動。在許多不良適應行爲
中，常可看到的一個現象就是學生對事情是非善惡的
分辨與判斷，混亂、迷惑、模糊不清，欠缺解決問題
以及獨立思考的能力，同時更不擅於設身處地的來看
事情，例如：一個有勒索行爲的學生，可能就完全沒
有考慮到被勒索者的立場，想要擁有金錢而不會用合
理的方法來解決，甚至不覺得勒索行爲不對。價值澄
清法就是一套專業知識和技巧，提供教師們引導學生
建立適切的價值觀，學習建設性解決問題的方法。

㈠價值觀的形成過程

價值澄清法不是在教學生一套現成的價值觀，而是在教導一些審慎思考的技巧，在學習過程中對自己的信念、情緒、行為做一番自我分析，然後建立自我的價值觀，因此了解價值形成的過程就成了實施本法時設計活動的主要依據。綜合許多學者的看法，價值形成的過程包括：

1. 讚許（珍視）：對自己的選擇充滿喜悅、有珍惜的感覺，可以公開肯定自己的選擇。

2. 選擇：是自由選擇的而非被強迫的，有多種可能的選擇，可以從多種不同的選項中做選擇，且是對每一種選項都予以深思熟慮後才做的決定。

3. 行動：依據所作的選擇，採取行動，且能一致而重複地實行，進而形成一種生活型態。

㈡重要方法與技術

價值澄清法有三種基本方法：

1. 澄清式問答：以口頭問答方式進行，可以

一對一進行，也可以小團體實施。目的在
使學生表露了其態度、興趣、抱負或做了
某些活動後，引發其疑惑，再溫和地督促
其檢查自己的生活、觀念與行動。

2. 價值作業：這是一種有計畫的教學活動或
練習，利用書面資料（包括在生活中各領
域常遇到的價值困惑或與抉擇情境，如金
錢、友誼、愛與性、宗教與道德、休閒活
動、家庭、法律與權威、個人嗜好、工作
等），提供學生一些情境，引發其對主題
的興趣，鼓勵學生表達、檢查和組織其價
值觀念。「活動」的設計參考洪有義編著
之「價值澄清法」、朝陽方案「團體輔導
手冊」等。

3. 角色扮演（空椅法）：這是將學生內在的
思想外顯化的方法。房間中置兩張椅子，
要學生坐在其中一張椅子上扮演某個與不
良行為事件有關的人，從其立場說話然後
再換到另一張椅子，以自己的身份說話。
由這種活動中很容易讓學生經驗到衝突的

部分，也可助其認知自己情感的眞實面。

㈢應用實例

以建立適切的金錢觀念爲例，處理之不良行爲包括與金錢有關的行爲，如勒索等，可採用下列問題與學生「一同」討論：

1. 你有無零用錢可用？有多少？
2. 你的零用錢要不要用什麼條件來交換？什麼條件？這些條件你覺得合理嗎？
3. 你喜歡捐錢給慈善機構（或需要的人）嗎？
4. 你有儲蓄嗎？動機是什麼？
5. 你覺得一個人應該有儲蓄嗎？
6. 你曾想過將來要做什麼嗎？賺多少錢？
7. 你的嗜好是什麼？爲什麼選此爲嗜好？
8. 有什麼東西是你想買而沒錢買的？
9. 在你有需要時最能幫助你的朋友是誰？爲什麼？
10. 你認爲「好的生活」有那些條件？
11. 你被嘲笑過嗎？滋味如何？
12. 如有人無條件送你兩萬元，你會如何處

理？

13. 你喜歡送人什麼禮物？喜歡人家送你什麼禮物？

14. 你的零用錢夠嗎？不夠時怎麼辦？還可以怎麼辦？

討論時，除了讓學生發表自己的意見外，老師也提供自己的看法，並要學生去蒐集別人（同學、父母等）的看法，然後做比較並討論各種看法的優缺點。

二、理情治療法

在協助青少年面對個人適應不良的問題時，理情治療法（Rational Emotive Therapy，以下簡稱RET）強有力的駁斥、分析，可以清楚的讓當事人了解非理性想法所帶來的困擾。雖然，RET在輔導許多情緒問題（如焦慮、敵意、壓力等）及行為問題（如偷竊、暴力、說謊等）很有幫助，但是，如同其它的治療方法，RET並不適用於所有患者，如智力太低者、年紀太小或年紀較老者及嚴重的精神病患、腦傷、自閉症等患者則較不適宜。

㈠情緒困擾A-B-C理論

RET專家們認為外在的事件（亦即A）無法造成

困擾個體的情緒或行為（亦即C），真正促成個體情緒及行為後果的是個體的信念系統（亦即B）。譬如，在下表中，引發事件是相同的，但是卻可以產生許多種不同的想法，因而造成了不同的情緒或行為後果。

A(引發事件)	B(想法、信念)	C(情緒或行為)
在回家的路上被他校的學生瞪一眼。	1.哼！看我不順眼？ 2.這種人少惹為妙、挺可怕的。 3.大概認錯了人吧！	1.揍對方；回瞪對方。 2.低著頭迅速離去。 3.自然，沒有反應。

（二）理情治療的過程

就RET的過程而言，我們希望個體能藉著駁斥、質問非理性想法的過程，去除這些引起困擾的非理性想法並進而產生新的想法。RET應用於青少年時，其過程大致可分為以下四個階段：

個別輔導手冊

1. 建立 關係	─ ─	(a)建立溫暖、真誠、接納的關係。 (b)澄清輔導人員的角色。 (c)共同討論輔導的目標（最好能跟當事人 　有切身關係的目標，如在家中可得到更 　多的自由等）。 (d)瞭解當事人語言表達方式的不同及發展 　的限制。
2. 評估	─ ─	(a)讓當事人了解他們的行為或想法所導致 　的結果，並示範一些可學習的不同想法 　、態度及行為。 (b)介紹ABC理念及RET內涵。 (c)分辨理性想法及非理性想法。 (d)認識不適切的情緒及感覺。
3. 學習 技巧	─ ─	(a)駁斥 (b)理性的自我陳述 (c)實證上的分析 (d)理情想像 (e)實際問題解決技巧
4.練習 及 應用	─ ─	(a)家庭作業 (b)角色扮演

㈢理情治療應用於青少年的技巧

常用於兒童及青少年身上之RET技巧，有下列幾種：

1. 教導ABC觀念：

    ⑴當事人應先認識「不同的人對同樣一件事情會有不同的感覺」的理念。

    ⑵透過具體的經驗及實例作說明，使當事人更能抓住ABC理念精髓所在。

    ⑶協助當事人分辨理性想法與非理性想法（可利用一些線索與原則，找出當事人非理性的想法，吳麗娟〔民76〕）。

    ⑷以圖表作說明將有助於當事人的瞭解。如下表：

日期	A（事件）發生什麼事	B（想法）你在想些什麼	C（情緒、行為）	
			你有什麼感覺	你做了什麼
10／21	因缺課太多，老師來電，告訴父母，督促我上學	那麼久沒去上課同學，一定會笑我，老師也會羞辱我，算了，那種情境實在令人難以忍受	害怕、生疏、擔心、厭煩	去打電動玩具
10／24	……	……	……	……

2. 駁斥：先找出非理性想法再加以駁斥。輔導人員可詢問當事人下列的問題，協助他們學習如何駁斥個人的非理性想法。

　　(1)我的想法是來自於事實、意見、推斷或假設？有什麼證據可以證明我的想法是真實的呢？

　　(2)那件事真的是那麼可怕嗎？我真的不能忍受它嗎？

　　(3)為什麼那件事情必須是如此呢？我一定要得到我想要的嗎？有什麼證據表示這些讓我沒有價值呢？

3. 實證上的分析：這項技巧強調在實際生活中找出證據，加以分析、以駁斥個人的非理性想法。在作實證分析之前，當事人必須要先能區分事實、意見、推斷及假設之間的不同，同時亦要領悟出個人的想法及概念並不一定是真實的。譬如，建銘強烈的害怕他的父母親將因意見的不一致而導致離婚，此時輔導人員可協助建銘作一下調查，了解那些可能常因意見不合而將離

婚掛在嘴上的親戚、街坊鄰居或老師們的情況，建銘將可由這些實際上的證據了解婚姻是可以容許某種程度的意見不一致，從而減低對父母之間的磨擦所產生的焦慮。

4. 理性的自我陳述：如果當事人可以清楚的駁斥一些非理性想法時，輔導人員可詢問案主那些想法是可以讓他舒服些的？換句話說，他可以建立那些新的理性想法？此時，輔導人員可先行示範、再讓當事人複誦或默唸一遍。輔導人員可列舉一些形成「新想法」的重要句型，例如：

「雖然我不喜歡……，但是我仍然……」

「雖然到目前為止……，但是我仍然……」

「即使我表現不好……，應還不致於……」

5. 家庭作業：RET最後一個階段乃是希望當事人將所習得的理性思考技巧應用於日常生活情境中，透過家庭作業的方式可達成此一目的。家庭作業的方式有很大的彈性，例如可要求當事人利用上例表格記下

一星期內所碰到的事件、想法及感覺，或是記錄情緒強度，也可以要求他們在遇到一些讓他們情緒起伏較大的事件，作些理性的自我陳述、理情想像等皆是常用的家庭作業。

(四)實例說明（偷竊行為）

↓ 1. 建立關係。

↓ 2. 介紹ABC理論。可利用前述例表，列舉其可能的想法。

↓ 3. 找出當事人的非理性想法，並加以駁斥。

　(1)可能有的非理性想法，並加以駁斥。

　　①我不能得到我想要的（名、讚賞、學業的成就），我是個失敗者，一無是處的人，偷東西可以讓我覺得好些。

　　②這世界是不公平的，為什麼他們都可以得到他們所想要的，而我卻得不到我所想要的呢？

　　③反正你們不關心我，我就壞給你們看，這樣你們就會知道，這世界上還有我的

存在。

④「偷」可以讓我在朋友中的地位高些，失去他們，我就沒有地方可去了。

⑤只要我有錢，會擺闊，我就可以交到許多朋友，別人也會開始重視我。

(2)可以進行的駁斥：

①△有什麼證據證明你是個失敗者？

△每一個人都應該得到其他的人的重視嗎？

△爲什麼學業不好，就表示自己一無是處？

②△有什麼證據表示這世界應該是公平的？所謂的「應該」好像是指全世界都要聽你的，依照你的想法去做事。

△你眞的不能忍受不公平嗎？事實上所謂的不能忍受應該是指類似我們人類不能忍受長期缺水、缺氧的生活，況且何以證明你是不能忍受呢？你是不是己經忍受很久了呢？

③沒地方可去，又如何呢？

↓4. 實證上的分析：

(1)可利用小團體輔導證明當事人仍有許多值得自重的優點。

(2)蒐集一些幼年生活窮苦、不能好好完成學業、但成年後事業有所成的例子（最好是當事人所認識、並且來自各階層的人）。

(3)閱讀偉人傳記，共同討論書中人物所遇到的不公平事件，並試著分析他們的想法。

(4)共同討論當事人同學中那些未受到重視卻又活得很自在的同學。

↓5. 理性的自我陳述：

(1)不能得到別人的重視只會讓我不愉快，並不會讓我不能忍受。

(2)顯然，我曾經有過偷竊的行為，但那只是表示我曾經做錯過，並不表示我是一個壞人，我相信我會愈來愈好的。

(3)報復對事情並沒有幫助。

(4)我希望這世界能公平些，但是，如果我不能得到我所想要的，並不是一件很糟糕的事，那些東西我並不一定非要得到不可。

↓6. 家庭作業：家庭作業可安插在每一次會
　　談之後，依照每次的諮商過程與內容擬
　　定不同的家庭作業。

三、讀書治療法

　　本法是心理輔導法的輔助方法之一，事實上我國
自古即多以讀書達成修身養性的目的，其主要理念是
讓學生閱讀與其問題有關的主題，互相交換閱讀感想
心得，以增進對自己的瞭解，俾收改善行爲之功效。

(一)使用技術

1. 診斷不良行爲的成因。

2. 培養師生間良好的關係與信任感。

3. 引起學生閱讀的興趣：

(1)開始時以提供有趣味的書籍爲主，使學生
　　容易著手、產生興趣，逐漸導入治療的課
　　題。

(2)由許多讀物中，讓學生自由選擇他所喜歡
　　的讀物。

(3)文字宜適合學生閱讀能力，難度適中。

(4)避免長篇，長度適當始能讓學生領略閱讀

　的成就感。

　(5)書中主角個性與行爲可略加說明，引起閱
　　讀興趣。

　(6)只要學生閱讀了，即應及時給予稱讚與鼓
　　勵。

4. 使用步驟：

　(1)導入：讀書治療必須有閱讀的動作，可藉
　　各種方法，引起動機，導入讀書的活動，
　　有時亦可實施指導式課題讀書。

　(2)自主閱讀：由被動的導入讀書到自主的主
　　動閱讀，此時教師要採取接納的態度，使
　　學生能自動尋找適當讀物。

　(3)主觀的、情緒的讀書：讓學生鬆弛心身，
　　進入主觀的情緒的自白階段，將自己融入
　　材料之中。

　(4)治療的讀書：在診斷階段，可以將問題分
　　類，按各類型擬定治療目標，選擇適當的
　　讀物。

5. 注意事項：

　(1)實施期間應減輕其它課外書籍的閱讀。

(2)閱讀時間以每日晚餐後半小時爲宜。

(3)閱讀時應心平氣和去體會書中含義。

(4)讀完後寫出讀後感想。教師必須有耐性地閱讀學生的感想文。

(5)晤談時可以以其讀後感爲題材。

(6)有下列情形時，可以結束讀書治療：

　①問題行爲消失。

　②學生的行爲已有改變，出現合理的適應行爲。

　③學生的內心已有治癒的感覺。

　④學生的自我認識與自我評價已提高。

　⑤依賴性減少，能體會愛心的眞義。

　⑥能控制衝動，自我約束能力增進。

㈡特徵與使用的限制

1. 特徵：容易使用，約三至六個月即可收效，除心理異常、情緒障礙外，可廣爲運用。

2. 限制：讀書治療並非萬能，必須注意：

　(1)必須先分析其偏差行爲成因，始能對症下藥。

(2)智力愈高，效果愈大。

(3)閱讀能力較低、文盲、弱視等，可由別人報讀。

(4)吸強力膠者，在感化機構、醫療單位實施效果較佳。

(5)在感化機構實施，團體讀書治療效果較爲顯著。

㈢可供做爲材料的**書籍**

1.老人與海（海明威）

2.汪洋中的一條船（鄭豐喜）

3.愛的教育（亞米契斯）

4.心身的潛力（伊瑞拉）

5.獸子伊凡（托爾斯泰）

6.人生的光明面（皮爾）

7.麥田捕手（沙林傑）

8.野性的呼喚（傑克倫敦）

9.荳蔻年華（戴西亞馬瑞妮）

10.臺灣風雲人物（蔣君章）

11.陳之藩文集（陳之藩）

12.如何消除緊張（尤金華克）

13.何索寓言（何索）

14.大亨小傳（費茲傑羅）

15.蛹之生（小野）

16.星際大戰（喬治盧卡斯）

17.歷代名人奮鬥史（晏祖）

18.拒絕聯考的小子（吳祥輝）

19.復活（托爾斯泰）

20.湯姆歷險記（馬克吐溫）

21.海倫凱勒的一生（趙長年）

22.天地一沙鷗（李查巴哈）

23.貝多芬傳（羅曼羅蘭）

24.波士頓紅豆（楊安祥）

25.黑奴籲天錄（史杜伊夫人）

26.反敗為勝（艾科卡）

27.缺憾的超越（李翠玲）

28.西潮（羅家倫）

29.青年的四個大夢（吳靜吉）

30.開放的人生（王洪鈞）

此外，輔導教師可依案主的問題、興趣及程度，從報章雜誌上剪取適當的文章做為其閱

讀的材料。

四、行為治療法

本法認為所有的行為皆由學習而得，不良行為亦為學習的結果，因此皆可透過學習去除不當的行為而學得較有效的行為。這個新的行為目標是由輔導者與當事人共同合作而設定並促使達成的，所以當事人必須有改變的意願，與輔導者一起討論行為改變的目標、環境、改變的水準，達成目標的行為計畫等。而設立目標之後，輔導者的任務就是選擇治療的策略以助達成目標。所以本理論的最大優點之一，便是使用科學方法發展特殊的治療過程。

主要方法和技術

> 1. 鬆弛訓練：目的在達到肌肉和心理的放鬆，以因應日常生活中所產生的壓力。一般來說，包括四到八小時的教導過程，提供給當事人一套方法，例如緊縮肌肉到放鬆、深呼吸、釋放現在的思想、注意自己的心跳次數等，幫助當事人經歷與感受緊張狀態和鬆弛狀態，並比較其間的差異。例如在處理藥物濫用之行為問題學生，可

先教導此法，以助其在壓力或緊張狀態時
訴諸放鬆訓練而非藥物。

2. **系統減敏法**：其主要法包括分析引發焦慮
的刺激並依強度排列層次，其次，教導放
鬆的方法並與引發焦慮的刺激配對想像，
使產生焦慮的刺激與放鬆發生聯結以至焦
慮反應消除為止。大致的程序如下：

(1)對引起焦慮的刺激如以分析，建立一個強
度層次表，由當事人想像從最惡劣的情境
到最輕微焦慮的情境。以學生的施暴行為
為例，將其對他人行為不能容忍的程度依
強至弱排列，如其最不能容忍的是別人動
手打自己，其次是與別人言語有衝突，再
其次是看到別人前來理論時，再來是親耳
聽見某同學冒犯了自己，接下來是聽別人
說及某同學對自己的冒犯，然後是別人走
過時多看自己兩眼時，接下來是不喜歡某
人的某種行為，再來是見到與自己不同類
型的人（或以成績、老師喜愛程度、同學
接納程度等作為劃分的依據）。

⑵開始階段，引導當事人作鬆弛訓練，放鬆身體的各部位，如背、頭、頸、肩、腹、胸、腿等。

⑶當學會了迅速的放鬆後，可開始減敏過程，治療者先提出中性、不引發焦慮的情境，要求當事人想像，如當事人依然是放鬆時，再要求他去想像最低層引發焦慮的情景，再逐漸昇高層次，遇緊張起來時則作鬆弛步驟，如此依序進行，至能想像最高層的焦慮情況而仍維持鬆弛狀態爲止。

⑷將上述步驟反覆練習至消除焦慮爲止。

3. 嫌惡法：此法常被用來控制成員的行爲，使其行爲表現如所預期的一樣。例如吸煙行爲，爲使其對煙產生厭惡感，規定是其在一小時內抽完一包煙，就是一種嫌惡法；另外使用取消其某種權利，比方一個很愛打籃球的孩子有吸煙行爲，規定其吸煙便禁止打籃球。

4. 示範法：是以某人或團體行爲當做一種刺激（榜樣），使觀察者形成相似的思想、

態度和行為。透過觀察學習的過程，當事人可以學到不必經由嘗試錯誤即可履行他們所希求的動作。有效示範的特徵是年齡、性別、種族、態度等愈相似，愈易產生模仿。

5. 肯定性訓練（社會技巧訓練）：這是特別針對與人之間的相處上發生困難的學生的治療法。教導他一些能與他人有效互動的方法，主要目的是使他能正確有效且肯定的表達自己。但須加以注意的是與攻擊性行為的區分，它們的不同點在於：自我肯定的行為是具備有選擇行為反應和自我控制的能力，能替自己做決定，不侵犯別人的領域，不傷害別人，也容許別人表達其意見，而攻擊行為則相反。以參加幫派的行為為例，有時幫派中的強勢人物會認為自己是替人抱不平、為人除害，表面上是肯定的表達自己，但實際上卻是一種侵犯傷害他人的攻擊行為。實施這個訓練的策略有六種：

(1)教導：告訴當事人那些是他人所期望的，
例如眼睛接觸、大聲說話等。

(2)回饋：每教導完一組行為後，立即評估當
事人行為表現的改變，不論是消極或積極
的回饋皆有助益。

(3)示範：以真人實例或錄影帶示範皆可。

(4)行為演練：模擬實際情況練習適當的行為
表現。

(5)社會增強：當事人的反應適當時，隨即加
以讚揚，以漸漸鞏固其行為。

(6)家庭作業：把新學得的行為模式，運用到
日常生活的人際情境中並加記錄，以評估
效果。

6. 自我管理方案（又稱自我導引行為）：這
是一種自我輔導的方式，不必依賴專家即
可自己處理問題，亦即教導一些有效經營
他們的生活的方法。大致的策略包括自我
教導、自我酬賞、自我契約及刺激的控制
等。其實施步驟舉例如下：

(1)選擇目標：將某些想改變的行為予以量

化，使其可以評估、可以達成目標；目標
的選擇是積極的，自己決定的。

(2)選擇行動：有那些行動可以幫助自己達成
行為目標。

(3)自我指揮：敏銳的觀察並記錄自己的行
為，比方作「行為日記」。

(4)訂立改變計畫：以一個有效行動來代替不
被接受的行動。另外再選擇適當的自我酬
賞方式，以保持當事人對自我契約的履行
動機。

7. 行為改變技術：

(1)這個技術是訂定一套明確的、有系統的行
為改變策略，以消除或改變學生的不良行
為。基本概念包括四點：

①一切的行為都是學習來的。

②行為本身無善惡之分，全由情境的適當
與否而定，且行為是受制於環境因素
的。例如參加不良組織的行為，要加以
改善，就必須隔離、改善不良環境的刺
激，或創造良好的同情環境。

③行爲的改變是依據行爲的後果而來。

④行爲本身就是要處理的對象，只要行爲改變，不論內在動機感受爲何，即完成治療。

(2)主要的原理和策略，包括：

①增強：分正增強（給予獎勵增加行爲次數）和負增強（給予不愉快經驗，使行爲因要逃避此不愉快而減少）；而不固定時間、比例和部份的增強效果要大過固定時間和連續增強。

②消弱：不予理會或不注意某種行爲，使之在「自討沒趣」的情況下，不再出現。

③相互抑制：在表現不良行爲的時候，提供或要求其表現良好行爲，使只能選擇良好行爲來做。例如：暑期中參加育樂營活動，即爲相互抑制原理的運用。

④漸次接近（逐步養成）：明白的訂出行爲改變的標準，依序提高而逐步養成所期望的行爲。

⑤反應代價法：未達到某項行為標準即剝奪某項權利。

⑥暫停法：也就是隔離法，若在某情境一直發生某種行為，則以改變環境方式使不再發生。

(3)使用行為改善技術的程序如下（以逃學為例）：

①確定終點行為：一學期中不再逃學。

②分析起點行為：學生一週內逃學節數平均為廿節。

③設計有利情境：

　a. 選擇增強物、積分若干可獲何物。

　b. 與家庭聯絡交換輔導策略並要求配合。

④選擇運用適當策略：

　a. 增強：採代幣法，與學生約定，如按照正常作息時間到校上課，則一天可得積分一點；每節課記錄教師說話內容達二百字，亦可換取積分一點。

b. 反應代價法：若未到校上課則一天
扣一分。

c. 漸次接近法：積分若干可獲某物，
點數愈高則可換取最強之增強物。

⑤分析行為改變的效果：經施行一週後，
學生累積了若干點數，亦即逃課行為開
始減少，則繼續行之。此時若發現效果
緩慢，則須重新考慮其他策略的配合，
例如對增強物的判斷，對可獲增強（點
數）的行為標準是否過高等。

五、現實治療法

本法係由葛拉塞（William Giasser）所提出，他
認為每個人都是獨特的個體，具有成長的力量和學習
責任的能力，並透過責任的達成而得到自我價值感。

㈠主要方法與技術

本法是積極的口語化的晤談法，其中包括教導、
訓誨、認知及訂契約等。在談話中常用面質的方法挑
戰學生不合理的行為，並不容許學生找藉口原諒自
己，幫助他一起訂定具體的行動計劃並督促其實行。

㈡**進行步驟**

治療者與當事人每週會談一次，談話中包括：

1. 描述當事人現時的行爲，而不去追溯不良行爲的原因。

2. 要求當事人評估他的行爲對錯善惡，即作價值判斷。強調對自己現時行爲理性的覺察。

3. 不接受他人應爲其不當行爲負責的籍口，堅持當事人應該承擔自己行爲的責任。

4. 可與當事人共同進行色扮演的演練，以增加價值判斷的易行性。例如扮演偷竊者以體驗不同心境。

5. 誘導當事人做下承諾，訂定一個改變的計劃或契約（可質問當事人用什方式來停止現時的不當行爲）。

6. 每次談話中，要對行動計畫加以評估，以決定是否有進步。並包括對計畫執行的困難的討論及修正。

㈢**實例說明**

以偷竊行爲之處理爲例，本法之施行如下：老師與學生每週會談一次，每次時間約一小時。教師基本

上採取現實治療的策略，從晤談當中讓學生面對現狀、學習負責的行為。談話中教師的話可能包括下列部分：

1. 「讓我們來看看你做了什麼事，你先說說當時發生的情況」。

2. 「我不問你為什麼要偷，你也不用去回想為什麼要做這事，現在我們就針對你這次的偷竊的事情來討論，先來想想看這件事情做得對不對？好不好？什麼地方不對？或什麼地方不好？」

3. 「不行，你說反正他有錢，不在乎我偷他一點東西是不對的，因為他有錢是他事，你的行為是自己決定的，不是他人控制的。」

4. 教師與學生一起扮演不同角色者（偷與被偷者）然後對話。

5. 「現在你比較知道其實每個人都有自己的立場，傷害別人就是錯誤的行為……所以以前這個行為是錯的，那麼我們可以一同來看看要做怎麼樣的改變會是最好的。」

6.「你希望作什麼改變？」

「你現在能做到什麼？」

「你願意立下一個承諾，改變偷竊的行爲嗎？」

7.「我們得來想想看該怎麼做，來訂一個計畫。」

8.「一個星期以來，你的表現如何？好嗎？有些地方沒有按照約定的計畫，如果它是很難做到的話，我們來討論一下這些地方是不是要修正。」

9. 持續進行晤談、檢討，至偷竊行爲不再發生。

六、生涯輔導

(一)理論基礎

以Super之生涯發展論而言，國中生正介於能力期（成長期後期）與探索期之間，此時期國中生之發展任務爲：發展自我形象，對工作世界之認識，考慮其興趣、能力、價值觀與工作機會之配合，而對其未來作暫時性之選擇。個體生涯發展的一個重要步驟爲：經自我概念轉化爲職業自我概念，值得注意的是，

此種轉化過程並非「一蹴可幾」，必須循序漸進；而個體自尊之高低，正是影響其職業自我概念具象化之因素之一，因此為促進國中生生涯發展（尤其是本專案的學生），應該從建立其自尊開始，再配合自我探索，教育與職業資料之獲得，對工作世界之試探與了解，工作價值之澄清等，以使學生作更正確之生涯決擇。

(二)生涯輔導策略

1. 協助學生建立自信與自尊：低自尊有礙於個體澄清其職業自我概念，因此協助學生建立高自信、高自尊在生涯輔導上有其重要性。其方法如下：

   (1)協助學生回憶過去成功之經驗：如請學生說出自己最拿手、最得意、最引以為豪的經驗（參本節後表一）。鼓勵他以新標準來衡量，而以自己的經驗為出發點，重新評估自己。

   (2)協助學生找出貶抑自己的負向自我描述：如請學生以20個形容詞形容自己，一起討論其正負向比例；反映其負向之自我描

述，找出負向看法之來源等。

(3)引導學生學習自我悅納：大部分學生對自己的負向描述，多來自與他人作比較，而比較時，往往是以一般社會標準來衡量，因此挫敗感多；此時，可以下列方法協助之：

①鼓勵自我增強。

②鼓勵建立符合自己能力之抱負水準，且以自己作比較。

③引導學生了解自我悅納的意義。

④引導學生了解「行行出狀元」，以激發其生涯動機（可與學生討論正中書局出版之「走出自己的路」中各行業傑出人士如何悅納自己終於邁向成功的故事……詳見鄭芬蘭（民78之論文）。

此外，亦可配合理性情緒治療法，協助學生駁斥其非理性想法所造成的低自尊現象。

2. 協助學生進行自我探索：自我探索的內容可包括自己的能力、興趣、價值觀、人格特質、工作價值、抱負水準、自己的能量

……等。目的在協助個案對自己的特質與需求有更多的了解，而作生涯選擇。有關此部分可運用以下方法：

(1)經由回饋蒐集資料：

　①測驗回饋法：可透過心理評量工具如「輔導性向測驗」、「輔導興趣測驗」、「學習態度測驗」、「少年人格測驗」（或「基氏人格測驗」）等，施測後作綜合之分析（詳如下文（五）生涯決定）或透過學業成就之回饋，以協助案主充分了解自己。

　②他人回饋法：請學生回憶他人對自己之印象，或透過輔導活動課程之設計，請同學彼此作回饋，以了解別人心目中的自己。

(2)澄清個人抱負水準：

　①榜樣與偶像：請學生就中外古今人物中列出。

　　a. 自己願意學習或不願學習的人（五～十人）。

       b. 自己心目中的偶像。

       c. 說明原因。

       d. 將榜樣與偶像吸引學生的原因與學生目前行為作一比較。（如表二）

②墓誌銘：請學生寫墓誌銘，寫出他希望他人在自己的墓誌銘上所的評語或觀感。

③履歷表：拿一份履歷表讓學生填寫，假設五年、十年…後去應徵一份工作時，他希望能填寫何種學經歷、他所應徵之工作的性質、工作內容、希望的待遇等，以協助學生了解自己的抱負水準。

(3)探索自己的「最愛」：列出自己這一生最想做的十件事，並列出希望完成的日期，並從中挑出這輩子所做會感到後悔的事。

以上之探索，在學生填寫後，教師應與他一起討論，以協助學生更深一層地了解自己對未來生涯之憧憬，如學生之生涯取向與社會規範相抵觸（如學生立志當黑社會老大），則教師更須深入了解其動機，以作進一步價值澄清，建立能兼顧個人需要與社會規範

之抱負水準或志向。

3. 提供學生有關教育與職業資料：學生對自
   己未來的生涯感到目標茫茫，常是因教育
   與職業資料之不足，對國中生而言，可提
   供下列資料，以爲生涯試探：

   (1)國中生畢業進路圖：協助個案了解國中畢
      業後出路可有很多，解釋各種特殊名詞如
      延教班、輪調式建教合作班，五專、高職
      之區別等。

   (2)技藝試探有關訊息：若干工業職業學校（
      如大安高工、松山工農等）每年寒暑假有
      舉辦一天多梯杖多種類科之技藝試探營；
      台北市目前亦有十四所國中經常性處理技
      藝教育班（如大直國中之印刷班、新興國
      中之服裝設計班等），此種訊息都可提供
      給個案，並請其服裝設計班等），此種訊
      息都可提供給個案，並邀請其參加。

   (3)提供教育有關資訊：如，各五專、高中、
      高職、軍校、補校之簡介解釋，其進路及
      就讀各科所需之條件等。

(4)提供職業有關資訊：如各職訓中心所舉辦
之職訓班，各公司、工廠求才消息，未來
職業發展趨勢之訊息等。有關此一部分可
運用每天的報紙、職訓局所編之「職業簡
介」、「行職業展望」及「就業與訓練」
「各職訓中心招訓簡介」等。各地區國民
就業輔導中心所編之「就業簡訊」或「就
業情報（雙週刊）」等；唯有些資料（如
「職業簡介」）之訊息略嫌過時，在運用
時宜有所補充。

4. 協助與澄清工作價值：有關此部分可先作
一般的價值澄清（參考本手冊「價值澄清
」部分）學生熟悉其方法與用意，再作工
作價值澄清，步驟如下：

(1)填寫「工作價值衡量表」（如表三）：請
學生在「重要性」一欄就每一項目對他的
重要性圈填（3代表最重要），再請他將
未來想從事的職業填入。

(2)排出優先順序：從他已圈選「3」的項目
中再篩選出五項（可用彩色筆顯示），

此五項乃學生認爲最重要之工作價值，請學生以１，２，３，４，５將此五項排出優先順序（５表示最重要），再將未來想從事的職業與此五項工作價值作一對照，看是否能符合此五項價值（用打勾方式）。

(3)公開其所重視之價值：教師請其說明爲何重視此五種價值，又其優先順序排列之理由。

(4)澄清學生未來想從事的職業是否能與所重視之工作價值配合，引導學生去看何種職業較能達成此項工作價值。

(5)協助學生如何將工作價值與其他資料配合而作生涯選擇（見下文……生涯決定）。

5. 協助學生做生涯決定（參何麗儀〔民79〕）：

(1)綜合分析各種資料：如利用表四～五，將學生性向與興趣測驗作一綜合分析，再用表六，將學生未來想從事的職業與其特質

作一配合比較（在各欄上打勾，勾得多，表示符合其特質）。

(2)列出可能選擇：利用表七，將學生初步決定未來想從事的職業列在界定問題欄上（一種職業一個表），並檢查其所蒐集的資料是否已齊全（5表示最齊全），以做進一步的補充，而爲了達成以上的決定，其選擇途徑可能有多種，請他列在第3欄。

(3)考慮其得失：就每一選擇將其得失列出。

(4)檢查工作價值：此需要配合第一欄作檢查，看看他所選的職業是否符合其工作價值，將其最重視的五項價值按優先順序排列再逐項檢查）。

(5)衡量阻力與助力以及因應之道：將前列各項選擇，逐一評估其可能的阻力與助力，再逐一謀求克服阻力，增加助力的方法。

(6)作成初步決定：教師就前列各項步驟之綜合與分析，與學生一起討論，再做成初步決定，作爲學生暫時的生涯選擇（國中生在生涯發展階段仍處於試探期，因此只是

暫時選擇）。

(7)叮嚀與祝福：引導學生去看今天的決定，
雖然是暫時性的決定，但經過探索後，其
選擇當更符合其目前之情形。鼓勵學生繼
續探索自己及蒐集資料，以逐步修正更符
合自己的選擇；針對目前之初步生涯決定
而言鼓勵他敢克服阻力，增加助力，以達
成目標。

個別輔導手冊

（生涯輔導　表一：我最拿手的是……）

本　　　　　　　領	見　　　證　　　人		
1.			
2.			
3.			
4.			
5.			
6.			
7.			
8.			

（生涯輔導　表二：我的榜樣）

我　想　學　習　的　榜　樣					我 不 想 學 習 的 榜 樣				
姓 名									
特 徵									
吸引我、不吸引我的原因									

我的偶像是：

他（她）吸引我的原因是：

我曾受他（她）的影響（例如）：

（生涯輔導　表三：工作價值衡量表）

吸引你的原因		重 要 性	未 來 想 從 事 的 職 業		
			1.	2.	3.
工作報酬	社會地位	3　2　1			
	權力	3　2　1			
	待遇	3　2　1			
	福利制度	3　2　1			
	昇遷	3　2　1			
工作	工作分量	3　2　1			
	工作變化性	3　2　1			
	挑戰性	3　2　1			
	創造表現	3　2　1			
	獨立性	3　2　1			

內	社會服務	3 2 1			
	領導機會	3 2 1			
	流動性	3 2 1			
容	進修機會	3 2 1			
工	室內	3 2 1			
作	室外	3 2 1			
環	與人接觸	3 2 1			
境	舒適	3 2 1			
休	工作時間	3 2 1			
閒	休閒活動	3 2 1			
人	工作伙伴	3 2 1			
際	上司相處	3 2 1			
地	離家較近	3 2 1			
點	市區(鄉村)	3 2 1			

個別輔導手冊

（生涯輔導　表四：我在輔導興趣測驗上的得分）

興　趣　項　目	百分等級	有　　關　　職　　業
科學(專業性)		
科學(技術性)		
技術(專業性)		
技術(技術性)		
消　費　經　濟		
戶　　　　外		
商業(專業性)		
商業(技術性)		
文　　　　書		
溝　　　　通		
藝術(專業性)		
藝術(技術性)		
服務(專業性)		
服務(技術性)		

（生涯輔導　表五：我在輔導性向測驗上的得分）

項　　　目	百分等級	對何種職業有影響	有　關　職　業
機　　　械		工藝、工技、科學(技術)	
空　　　間		美術、工藝、科學	
語 文 推 理		溝通、科學、服務(決策)	
數　　　學		數學、科學、工技、商業	
語 文 習 慣		溝通、文書、科學(專業)	
字　　　義		溝通、決策	
知　　　覺		辦公室工作、知覺辨認	
手　　　巧		藝術(技術)、工技(技術)	

（生涯輔導　表六：選擇職業的心路歷程）

日期	我從事的未來職業想	選擇理由							初步決定		理由	初步決定		理由
		興趣	生活方式	人格特質	性向	工作價值	專業能力	其它	日期	要／不		日期	要／不	

参、輔導技術

（生涯輔導　表七：作決定的歷程）

1.界定問題：將來我想＿＿＿＿＿＿＿＿＿＿＿＿＿＿

2.蒐集資料、評鑑資料：

項　　　　　　目	資 料 蒐 集 程 度	是否有用	待　補　充
個 人 部 分	興　　趣　　1　2　3　4　5		
	性　　向　　1　2　3　4　5		
	價　值　觀　1　2　3　4　5		
	人格特質　1　2　3　4　5		
	生活方式　1　2　3　4　5		
家 庭	家庭經濟　1　2　3　4　5		
	家人意見　1　2　3　4　5		
	其　　它　　1　2　3　4　5		
生 活 資 料	教育資料　1　2　3　4　5		
	職業資料　1　2　3　4　5		
	其　　它　　1　2　3　4　5		

3.列出可能的選擇：＿＿＿＿＿＿＿＿＿＿＿＿

　　　　　　　　　　＿＿＿＿＿＿＿＿＿＿＿＿

　　　　　　　　　　＿＿＿＿＿＿＿＿＿＿＿＿

4.列出可能的得失：

選　擇	得　（　利　）	失　（　弊　）
一		
二		
三		

5.檢查工作價值觀：

我 所 重 視 的 工 作 價 值	符 合 程 度
1.	合　？　不　合
2.	合　？　不　合
3.	合　？　不　合
4.	合　？　不　合
5.	合　？　不　合

6.衡量各種選擇的阻力與助力：

選　擇	阻　　　　力	助　　　　力
一		
二		
三		

7.克服阻力／助力的方法：

選擇	得 （ 利 ）	失 （ 弊 ）
一		
二		
三		

8.我的初步決定：＿＿＿＿＿＿＿＿＿＿＿
＿＿＿＿＿＿＿＿＿＿
＿＿＿＿＿＿＿＿＿＿

肆、問題處理

　　目前學生不良適應行爲問題日趨嚴重，根據者專家的研究發現青少年行爲問題的導因很多，有些是外在的，有些是內在的，其形成原因和類型不一而足，不能一概而論，需作個別探討與處理。以下將目前常見的青少年問題，分成外向性行爲問題、內向性行爲問題、學業適應問題等三大類，分別針對個別的問題行爲探討其形成原因，配合上一節所述之輔導方法，擬定適當的輔導策略，作爲輔導工作者的參考。

一、外向性行爲問題

　　外向性行爲問題即通稱的違規犯過行爲或反社會行爲。這種行爲比較明顯易見，對社會具有破壞性，很容易造成社會安寧問題。常見的包括逃學、逃家、施暴、偷竊、恐嚇、勒索、煙癮、濫用藥物、參加不良組織等。

(一)逃學

　　逃學在學生諸多不良行爲中最爲常見，此行爲時與其他不良行爲相連，是更嚴重行爲的訊號。對於逃學問題所應注意的不僅僅是因不上學所形成學業成績

的低落，更值得注意的是因逃學所造成的不良後果。

1. 形成原因：

  (1)個人因素：

    ①成績低落，屢次遭到挫折，自暴自棄，消沉墮落；

    ②反抗權威；

    ③犯過心虛；

    ④希望引起父母、教師的注意；

    ⑤害怕被同學打；

    ⑥健康情形欠佳，父母過分照顧，依賴心太強；

    ⑦遲到怕被懲罰；

    ⑧受人慫恿，基於從眾心理。

  (2)學校因素：

    ①教學方法枯躁，不喜歡任課老師；

    ②教材艱深難懂，成績不好，經常被責罰；

    ③升學壓力太大；

    ④缺少活動空間，對學校生活感到乏味；

    ⑤被同學恐嚇；

⑥門禁不嚴。

(3)家庭因素：

　　①父母管教態度不當；

　　②父母期望水準過高，造成心理壓力；

　　③家庭富裕，揮霍遊蕩成性。

(4)社會因素：

　　①被不良少年或幫會人物引誘或脅迫；

　　②被恐嚇勒索，以致不敢上學；

　　③社區環境欠佳，流連於不正當的娛樂場所。

2. 輔導策略：

(1)透過個別談話，找出逃學的原因和動機，了解逃學期間的情形。

(2)與父母討論子女教育的態度，不過分保護、溺愛，亦不放任、疏於管教。

(3)應用「價值澄清法」；以「澄清式問卷」，讓學生了解逃學對自己可能產生的壞處或不利的結果；檢討自己的生活，建立良好的生活規範。

(4)輔導閱讀偉人傳記、偉人奮鬥成功史等勵

　　　志叢書或報刊，建立積極的人生觀，學習
　　　珍惜時間、不偷懶、做個有用的人。

　(5)善用「行為改變技術」：以「增強法」鼓
　　　勵上學，以「行為契約法」加強自我控
　　　制，以「漸次接近法」建立上學習慣。

　(6)實施「生涯輔導」：協助學生對自己有更
　　　多的了解，提供有關教育與職業資料，肯
　　　定和訂定升學或就業的目標。

(二)逃家

　離家出走的行為在青少年期望相當普遍，常與逃
學行為相連，特別是在家遭受挫折或感到不如意時為
然。逃家與逃學一樣，往往導致更嚴重的行為問題。

　1.形成原因：逃家的原因與逃學有許多相近
　　的地方，較主要的有：

　(1)父母管教態度不當，缺乏家庭溫暖。

　(2)父母感情不和睦或單親家庭，親子關係不
　　　佳。

　(3)對父母不滿，以逃家作為報復。

　(4)父母忙於事業，無暇注意子女的行踪。

　(5)父母不在身邊，親戚無法管教。

(6)逃學。

(7)不良朋友或組織所引誘、脅迫。

(8)被恐嚇勒索，以致不敢回家。

(9)流連於不正當的娛樂場所。

(10)為迎神廟會所吸引。

2. 輔導策略：

(1)與學生建立良好的關係，使其獲得溫暖、信任；進而了解離家出走的原因，及逃家期間在外的情形。

(2)進行「家庭諮商」，分析父母管教方式有否矛盾之處、如何真正關心子女等問題。

(3)利用「理情治療」，讓學生了解出走實際上只有對自己不利，並不能解決問題。使他們發現不合理的想法與不能快樂生活之間的關係，而建立新的認知系統。最後，肯定其自我改變的責任和能力，付諸實行。

(4)可以配合行為改變技術之「行為契約法」，並配合適當的增強，以改變逃家的行為。

(5)如受不良分子引誘，則可能涉及法律問題，宜與警察機關連繫。

(三)偷竊

偷竊行為在兒童及青少年中頗普遍。從過去的統計報告可看出少年犯罪以偷竊犯為大宗；而台北市七十八學年度國中校園問題調查亦發現：校園中以偷竊問題最為嚴重，平均每兩位學生就有一人有一次以上被竊的經驗。今日校園中的小偷，可能成為明日社會上的大盜，如何防微杜漸，值得探討和深思。

1. 形成原因：

  (1)外在的因素：

    ①不良庭的影響，如父母疏於管教或管教不當，對子女的零用錢控制太嚴、出身於不道德家庭父母有貪財觀念等；

    ②不良環境的促成，如交友不慎或受扒竊集團非法份子之威脅利誘；

    ③不良社會風情的污染，虛榮心與物質慾望高，為求得滿足，只有使用偷竊的下策；

    ④臨時見財起意。

⑵內在的因素：

①以偷竊作為未受到家庭與學校認可重視的報復手段，或嫉妒他人的華麗穿著或優異的成績；

②病態的衝動，成為偷竊狂，

2. 輔導策略：

⑴探討偷竊的動機、次數、時間、物品，以及動手後如何處理等，如涉及竊盜集團，則更應進一步了解其組織、關連程度、為何涉入等問題，必要時需與警察機關配合進行追查，

⑵隨機講解有關的法律常識，說明偷竊可能造成的後果。

⑶透過「價值澄清法」，先讓學生設身處地想像失竊者的可能遭遇與感受；其次，引導其檢查和糾正報復的錯誤觀念與不當的解決需求滿足之方式。

⑷運用「讀書治療法」，輔導閱讀適當的法律刊物或資料，培養道德觀念。

⑸實施行為改變技術：善用增強原理，以「

反應代價法」、「漸次接近法」，培養所
有權的觀念，消除偷竊行為。

(6)對報復型的偷竊行為，特別注意引導其以
正當方式獲得長輩的認可，減少其心理的
不平衡。

(7)適度滿足個人的需求，與家長共同探討平
日金錢的使用方法、零用金的額度等問
題，家長能以身作則，培養子女勤儉，儲
蓄的習慣。

(四)施暴

凡惡意對待他人，如大欺小，強欺弱，多欺少，
而以口頭羞辱或施加暴力者均屬施暴行為，當今大眾
傳播媒體不乏暴力節目做為示範，再加上家庭、學校
方面適應不良所造成的挫折，以致許多國中學生攻擊
性甚強，學生之間細故衝突或鬥毆，容易形成犯罪行
為的前因，因此平日即應多予疏導，防止事件擴大惡
化。

1. 形成原因：

   (1)生理因素：

   ①體力充沛，精力過旺，缺乏正當的渲

　　洩；

　②內分泌失調，造成高度的情緒緊張，爲
　　發洩及解除緊張的情緒；

(2)心理因素：

　①智力低，語文表達能力差，缺乏思考辨
　　別能力，自我約束力弱，容易衝動；

　②人格發展不健全，本我意識過強，超我
　　力量薄弱；

　③反社會人格。

(3)環境因素：

　①父母管教不當，動輒打罵，給予子女錯
　　誤的模仿和學習機會；

　②學校生活適應欠佳，對學校生活不感興
　　趣，轉而群聚鬥毆；

　③工業社會人情澆薄，道德意識變弱；

　④不良社區環境、不良友伴、不良幫派的
　　影響；

　⑤不良大眾傳播內容的影響。

2. 輔導策略：

　(1)教師以關懷、親切的態度與學生溝通，探

究行爲的原因。

(2)以電話聯繫或家庭訪視的方式，加強親職教育的功能，協助父母建立適當的教養觀念，以期防範暴力事件於未然。

(3)應用「理情治療法」：協助學生評估自己的行爲和結果，討論不合理的想法和不好的行爲，引導改變建設性的行爲。

(4)運用行爲改變技術，建立正確的行爲模式，使用「消弱法」消除不良行爲；使用「增強性」培養良好行爲，使用「契約法」約定一些規定；使用「反應代價法」體認人要爲自己的行爲付出代價，必要時可配合「減敏法」，依序列出可能引起其衝動反應的情境，逐步降低其施暴的次數與程度。

(五)恐嚇、勒索

用威脅的手段或態度索取他人財物，即爲恐嚇、勒索，目前恐嚇、勒索行爲已漸漸形成於國中偏差行爲的次文化中，造成被害人身心傷害甚鉅，台北市少輔會（民77）的研究指出：少年受恐嚇、勒索的時

間較多發生在放學時；發生地點常在校園中隱處；以群體對單一加害；使用法多屬口語恐嚇，其次才會亮出器械威迫，如未達到目的，就以武器攻擊之；恐嚇的項目主要為男性少年，以國中在學學生屬多，其次為國中離校生，芳和國中（民79）調查亦發現：台北市國中有41.8％的學生曾經遭受一次以上恐嚇、勒索，此一數字相當驚人，急需加以防範。

1. 形成原因：
　(1)個人因素：
　　①物慾過高，需求不得滿足；
　　②道德約束力缺乏；
　　③心理不平衡，
　(2)家庭因素：
　　①父母管教不當，兄姊不良榜樣；
　　②家中生計困難，住家環境不良。
　(3)社會因素：
　　①社會傳播不良內容的影響；
　　②犯罪集團的唆使或控制。
2. 輔導策略：
　(1)以關切的態度調查、了解學之行為問題、

背景成因、過程，以及學生與犯罪集團的
關係。

(2)主動以電話或聯絡簿多與家長聯繫，家長
如發現異樣，須儘快與老師商量處理方
式。

(3)應用「理情治療法」，協助學生找出從事
恐嚇、勒索的不合理信念，建立合理的想
法，並付諸建設性的行動。

(4)實施「自我管理訓練」，以自我酬賞代替
對同學的恐嚇勒索。

(5)輔導學生閱讀勵志書籍、法律刊物等，建
立正確的是非觀念和價值觀念。

㈥吸煙

吸煙對人體健康所造成的危害，早已經醫學界的
證實，更受到社會各界的矚目，紛紛透過各種方法宣
導，抵制煙害，國中校園明文規定禁止學生抽煙是違
規犯過的行為，但校園內煙蒂仍時時可見，雖經呼籲
卻難見效果，有關研究指出國中生吸煙行為與校行為
有顯著相關，因此吸煙問題的處理，實在值得重視。

1. 形成原因：

(1)個人因素：

　①好奇心驅使；

　②盲目的模仿成人的行為；

　③想出風頭，表現英雄氣概；

　④受不良朋友的誘迫。

(2)學校因素：

　①學校教育偏重知識傳授，缺乏休閒活動；

　②班級人數太多，教師無法個別了解學生，不能在行為上予以切實輔導；

　③模仿教師或高班學生的行為。

(3)家庭因素：

　①父母疏於管教；

　②家庭缺乏溫暖；

　③家經濟富裕，養成揮霍的習慣；

　④父母行為不檢，予子女不良影響，

(4)社會因素：

　①缺乏適合青少年需要的娛樂場所；

　②大衆傳播媒體誤導所；

　③社會不良青少年組織的感染。

2. 輔導策略：

(1)實施「價值澄清」：以「價值作業」方
式，讓學生寫出英雄人物所具備的特質，
並相互討論，澄清眞正的英雄觀念。

(2)透過晤談，說明青少年不適合抽煙的原
因，並提供戒煙的有效方法和資料。

(3)應用「現實治療法」：首先協助學生，分
析評價自己的行爲，產生改變行變的決
心；其次訂定改變的計畫，並依計畫切實
實行。

(4)抽煙行爲的輔導，亦可運用行爲改變技
術，以「漸次接近法」逐步去除抽煙行
爲。必要時可與醫療機構連繫，讓學生參
與其「戒煙班」。

㈦濫用藥物

所謂濫用藥物，是指非基於醫療上的需要而使用
藥物，或雖基於醫上需要卻在沒有醫師處方情況下超
量使用藥物，自民國六十年後，吸食強力膠的方法傳
入台灣，在青少年間蔚成風氣：近年來，加上速賜
康、紅中、白板、安非他命等迷幻藥的泛濫，「濫用

藥物」已成為新的社會問題，不僅造成生理上的危害，同時會伴隨著許多人格上的偏差。更甚者，由於藥癮者為了藥物供應不缺，常導致非法犯罪行為，如偷竊、搶劫、勒索等；在藥性發作時，亦容易失去自找控制力而自殘或傷害他人，故濫用藥物是急需探討的問題。

1. 形成原因：

　　(1)個人因素：

　　　　①人格與心理偏差，缺乏安全感與自制能力，易受暗示：

　　　　②好奇、尋求刺激；

　　　　③缺乏應付挫折和解決問題之能力，生活無具體目標欲逃避現實：

　　　　④圖感官享樂；

　　　　⑤價值觀與道德觀有所偏差。

　　(2)學校因素：

　　　　①升學壓力太大，學業挫敗致學校適應差；

　　　　②缺乏教導有關藥物知識與法律常識；

　　　　③對逃學、逃家學生未徹底追蹤輔導；

④對有用藥徵兆學生缺乏有效的輔導策略。

(3)家庭因素：

①父母管教態度不當，親子關係不協調；

②家庭結構不健全如破碎家庭、犯罪家庭；

③家庭環境所處地區複雜。

(4)社會因素：

①參加不良組織，被不良友伴引誘；

②藥物管制不周全，取得容易；

③奸商唯利是圖，罔顧道義；

④社會價值體系失調，社會風氣奢華偏頗。

2. 輔導策略：

(1)以關懷、尊重的態度與學生建立關係，並了解學生的人格特質、用藥原因與行為表現。

(2)運用「理情治療法」從認知的層面導正其觀念、認識毒品的害處，並適時提供有關藥物的知識及法律常識。

(3)運用「現實治療法」的技術，輔導重點在
：

　①促進自我了解與接受自我；

　②增進生活信心，面對現實問題的勇氣；

　③肯定生活目標，訂定行動計畫，如以參
　　加校內外各項藝能活動、學習有用的技
　　藝、與同學建立正向的人際網路等方
　　法，代替藥物所給予的宣洩、補償或逃
　　避機會：

　④對上述各項重點，凡有正向行為表現
　　者，即給予增強，鼓勵實踐計畫的行
　　動。

(4)應用「行為改變技術」，使用「正增強」
　培養良好行為，使用「契約法」約定一些
　行為準則；若能邀請曾有此種行為而已勒
　戒成功的「過來人」現身說法，更具示範
　學習的效果。

(5)加強校內門禁，注意學生行為動向。

(6)若父母亦有此種行為，亦配合社工人員及
　醫療人員實施家族治療。

㈧**參加不良組織**

不組織活動多爲反社會性質，且對其他團體存有仇恨態度。青少年如果交友不愼、誤入歧途，參加不良組織，則易在組織的鼓勵下，失去理智，做出一些犯罪行爲。所以青少年犯罪與青少年不良組織幫派的關係至爲密切。

　1. 形成原因：
　　(1)個人因素：
　　　①交友不愼、誤入歧途，或遭受脅迫，無法脫離；
　　　②英雄主義，好出風頭、領袖慾作崇、愛管閒事；
　　　③復仇心理作崇、受人欺侮，設法欺侮；
　　　④愛慕虛榮、好奇、意氣用事、情感衝動；
　　　⑤缺乏適當的社交機會及正當的社交方式。
　　(2)家庭因素：
　　　①父母對子女偏愛，處理不公，一時氣憤；

②父母管教過嚴苛，得不到關心與諒解；

③對父母的生活方式不滿意，不能心服父母管教，轉向同儕團體求認同；

④父母各有不良嗜好，對子女疏於管教與照顧，久之在外冶蕩成性；

⑤父母有權有勢，家境富裕，被不良份子利用；

⑥父母本身就是道上人物，子女自然而然跟進；

⑦家居犯罪敏感地帶。

(3)學校因素：

①升學主義引導教學，以致只注重知識的傳授，忽視德性的陶冶；

②學校課外活動太少，學生無法發展自己的興趣，只好向外求發展；

③學業成績低落，缺乏成就感，轉向幫派求發展，呈英雄。

④在學校應不良的學生，未能獲得有效的輔導；

⑤學校規章嚴，訓導人員處置不當，造成

學生積怨，憤而走極端。

(4)社會因素：

①不良社會風氣的引誘；

②受不良的大眾傳播內容之影響；

③受社會上製造犯罪的成人之指使威逼；

④家庭、學校靠近不良地區及場所，學生易受感染，進而涉足其間。

2. 輔導策略：

(1)實施「父母諮商」,強化親職教育功能，調整教育子女的態度與方法。

(2)應用「讀書治療法」,指導學生閱讀名人傳記、勵志書籍、生理、心理衛生等書籍，並與學生進行讀後討論，以改變學生之觀念，陶冶性情，提昇生活品質。

(3)實施「現實治療法」,幫助學生訂定改變現時不當行為的行動計劃；讓學生由自我了解中產生自我評價，懂得如何運用有建設性的行為，並學習正確的負責任的行為，而達到成功的認同。

(4)實施「學習輔導」，以關心建立學生的信

心,與學生討論其能力和缺點,幫助他們
建立適當的求學目標,並共同研擬切合實
際的讀書計畫,提供個別的課業指導,進
行補救教學,甚至可以一部份時間或全天
時間,在特殊的協助下進行學習。

二、內向性行爲問題

內向性行爲即通稱的情緒困擾問題或非社會行
爲。這種行爲雖然對社會不構成破壞,卻對自己造成
傷害,並可能使共同生活者感到痛苦。有此行爲傾向
者,往往缺乏自知、自覺和自我控制。在青少年階
段,最常見的內向性行爲問題有自我概念欠佳、人際
關係不良、性偏差行爲等。

㈠自我概念欠佳

個人的自我概念,可以概略地區分爲四種,(1)主
觀自我,即個人對自己的看法;(2)客觀自我,即他人
對自己的看法;(3)社會自我,即個人認爲他人對自己
的看法;(4)理想自我,即個人對自己的期待。一個健
康的自我,應是這四者之間互相諧和,達成一致,否
則便會產生自我的衝突,形成困擾,造成行爲的阻
礙,有些學生則可能表現自卑、退縮,甚至消沉、漠

然的「自我放逐」反應。

 1. 形成原因：

  (1)對自己缺乏清而正確的了解，因而無法去解決現實生活裏的問題；

  (2)對自己有不當的評價。當個人對自己產生不當的評價之後，往往屬於責備自己，不管自己表現得多好，總會想到有人比自己更好，於是自己永遠是不好的，永遠不看自己的表現就先自責，也不接納他人對他的肯定；

  (3)對自己有不當的期望。這是眞實自我與理想自我脫節，個人的行爲常常自相矛盾，個人的自我概念混淆；

  (4)缺乏適切的自我強度。自我強度可分爲兩部份：

   ①對挫折的忍受力：如果挫折忍受力弱，易處處受挫，而引發其他許多的困擾；

   ②解決問題的能力：缺乏解決問題能力，則易表現出無助、依賴的行爲。

  (5)缺乏長遠的生活目標。這是自我認同危機

中「我將何往」的問題，因此個人往往會產生失落、徬徨的心態；

(6)缺乏建立人際關係的技巧。不知道如何與人建立良好的關係、發展親密關係，故常感到孤獨、無助、與徨恐。

2. 輔導策略：

(1)實施「現實治療法」，引導學生由自我了解中產生自我評價，幫助其訂定改變現時不當行為的行為計畫，運用有建設性的行為，建立正確負責任的行為規範。

(2)實施「讀書治療法」，指導學生閱讀名人傳記、勵志勵籍、生理、心理衛生等書籍，並與學生討論讀後心得，以改變學生之觀念，建立信心，增強自我肯定。

(3)應用「價值澄清法」，利用「澄清式問答」與「價值作業」，檢驗和釐清學生衝突和混淆的價值觀。

(4)實施「生涯輔導」，建立學生生涯發展的概念，確立工作生涯必須自我負責，生活掌握在自己手中。協助學生進行自我探

索，自我了解，進而作生涯選擇。

(二)人際關係欠佳

所謂人際關係欠佳，一方面是指缺乏參與人際活動的機會，另一方面則指錯誤或欠佳的人際行為的表達。個人由於人際關係欠佳，則易導致缺乏同儕認同、群性培養與適當的社會化，阻礙人格正常發展。

1. 形成因素：

(1)個人因素：

①由於生理狀況異於常人，如肢體殘障、重聽、弱視、口吃、外貌缺陷、智力低下等，以致妨礙正常之人際交往；

②心理上有缺陷，不易和同伴溝通或溝通方法不適當；

③缺乏社交技巧，造成人際關係欠佳。

(2)家庭因素：

①父母社經地位的不尋常，如：太優越、太差或地位特殊等，亦可能導致同伴對其疏離；

②父母管教態度不適當；

③父母本身的人格有缺陷，觀念不清，行

爲不檢,影響子女;

④身爲獨子或獨女,從小缺少和人交往的機會,不知道如何與人相處;

⑤家庭不和睦或家庭破碎,造成子女自悲、逃避等行爲,不易與人相處。

(3)學校因素:班級風氣不良,教師態度不當,校內措施欠當等,造成學生勾心鬥角、惡性競爭、缺乏同學愛,形成人際關係欠佳。

2. 輔導策略:

(1)從身體檢查中了解是否有異常現象(如口吃、口臭、體態異常等),生理狀況矯治後可能減少其心理的異常反應。

(2)實施「家庭諮商」,強化親職教育功能,調整家長教育子女的態度與方法,使其能做一個現代社會中稱職的父母。

(3)實施「現實治療法」,幫助學生訂定改變現時不當行動計畫,讓學生由我了解中產生自我評價,懂得如何運用有建設性的行爲,並學習正確的負責任的行爲,而達到

成功的認同。

(4)實施「讀書治療法」，指導學生閱讀名人
傳記，勵志書籍、生理、心理衛生等書
籍，並與學生進行讀後討論，以改變學生
對人際關係不當的觀念。

(5)運用「行為改變技術」，配合有效的增強
物，逐步培養與他人來往的自信心。

㈢性偏差行為

性偏差行為包括性別角色錯亂、過度手淫、窺視
（過度好奇）、沉迷於黃色書刊、圖片及其他不當的
性遊戲等。往往與社會道德標準、風俗習慣相違，故
多偷偷為之，可能伴隨著深度的罪疚感，嚴重者則導
致性變態、性攻擊。

1. 形成原因：

(1)個人因素：

①性道德意識薄弱，愛慕虛榮，價值觀念
偏差，不以偏差行為為恥；

②自我控制力低，青春期易衝動；

③生理發洩，缺乏適當的活動或運動、精
力過剩；

④智能不足，有的易受傷害，有的則造成
攻擊；

⑤吸食迷幻藥物或喝烈酒；

⑥缺乏自信心，學業、生活挫折的補償，
證明自己的性能力和獨立。

(2)家庭因素：

①報復行爲。父母無暇照顧子女，缺乏家
庭溫暖；

②家長從事特種職業，學習模仿成人性犯
罪；

③性教育不當，包括父母對性的態度、思
想、行爲以及黃色書刊。

(3)學校因素：

①缺乏適當的性教育，性知識不足，不正
確、似是而非，卻好奇無知；

②升學壓力、學校社團活動太少，學生沒
有正當興趣，缺乏成就感，精神空虛苦
悶；

③缺乏法律常識教育，不懂得保護自己抑
或是不知何者爲犯法。

(4)社會因素：

　①社會風氣靡爛，色情場所及供犯罪場所多；

　②街頭色情廣告林立，黃色書刊、色情錄影帶、電影等到處充斥、易得；

　③居往環境不良，如特種營業區。

2. 輔導策略：

(1)實施「父母諮商」，溝通家長性教育理念，強化父母的親職責任，以直接、自然的態度，與子女面對面侃侃而談。

(2)實施「行爲技術」，運用增強、消弱的原理改變學生的種種性偏差行爲。

(3)實施性教育，指導正確的性知識，培養與異性相處應有的態度與行爲，不要故意迴避或故作神秘。

(4)實施「讀書治療法」，介紹學生閱讀性教育書刊、雜誌，以改變其錯誤的觀念。

(5)提供適宜的性別角色學習機會與模範。

(6)已有明顯女性男性化或男性女性化傾向者，宜與精神科醫師商議處理方法。

三、學業適應問題

　　學業適應問題通常指成績不如理想，而由非智力因素所造成且往往兼具有情緒上的困擾、學業成績不穩定、學習障礙、學業低成就等。其中對於學習困擾、學業成績不穩定、學習障礙等問題，學校普遍已建立課業輔導辦法進行補救教學，例如資源教室、課後輔導班、特殊班級等皆是。唯對於大多數學習能力未能充分發揮在學習上，卻未被父母和老師所瞭解，而被視爲懶惰、分心或頑劣的低成就者，尚未建立有效的輔導措施，因爲大部份本來就「成績很差」的學生，在「升學主義」的主導下，很少會引起老師的注意。

　　在所有的學業問題中，諮商上最常見而適於進行個案輔導的，亦是低成就問題，如不特別加以輔導，很可能因無法得到師長或同學的認定，缺乏自信與自尊，而衍生其它的行爲問題。因此，在學業適應問題方面，本手冊只提出「學業低成就」一項加以探討。

　　低成就係指成就水準顯著低於能力水準而言。按形成的原因可分爲兩大類型，「長期性」的一類屬於嚴重性的，其成就經年累月低於水準之下，形成低成就

的原因不易發現；「短期性」的一類屬於較輕度的，其成就只不過是一種短暫或偶然的現象，造成的原因容易察覺。

影響學業成就的因素包括智力與非智力兩種變因，唯智力因素非諮商工作能力範圍，所能影響的只是非智力的部分。

1. 形成原因：

　(1)個人因素：

　　①學習動機薄弱，注意力散慢；

　　②情緒不成熟，常處於焦慮與衝突之中，干擾了學習歷程；

　　③不良的學習方法、習慣與態度，影響學習率；

　　④長期失敗和挫折，造成自卑感與低落的自我觀念，視學習為畏途。

　(2)學校因素：

　　①受教師態度的不良影響；

　　②教材和教法不符合學生的需要及興趣；

　　③班級氣氛不佳。

　(3)家庭因素：

①父母管教不當，缺乏正常督促；

②家庭社經地位低落，不重視教育價值或無充裕時間讀書：

③家庭或社區環境複雜，缺乏讀書場所；

④家庭氣氛不和諧。

2. 輔導策略：

(1)以溫和而具有同理心的態度，容許學生表達挫折、失望及消極的情感或態度，從而培養良好的關係，進而引發其學習動機、增進其健全的自我觀念。

(2)應用「現實治療法」：與學生討論其能力和缺點，幫助他們建立適當的學習目標，研擬切合實際的讀書計畫，並按「合約」切實實行。

(3)利用行為改變技之「代幣制」法，給予適當的增強，以養成良好的讀書習慣、態度與方法。

(4)鼓勵參加「資源教室」輔導，接受補救教學。

伍、附錄

附錄一

	編號：
	建檔：　年　月　日

個　案　基　本　資　料　卡

姓　名		性別		出生	年　月　日	班級	一年　　　班 二年　　　班 三年　　　班
父		年齡		職業		教育程度	
母		年齡		職業		教育程度	
監護人 (關係)		年齡		職業		教育程度	
住　址	1. 2.					電話	公： 宅：
問題行為概述：							
個案對犯罪行為的看法：							

附錄二　個別輔導記錄表

一、個案簡介	
(一)姓名（編號）：	
(二)性　　　別：	
(三)年　　　齡：民國　　年　　月　　日生	
(四)籍　　　貫：	
(五)就 讀 學 校：　　縣(市)　　國民中學　　年級　班	
(六)住　　　址：　縣(市)　區(鄉鎮市)　路(街) 段 巷 號 樓	
(七)電　　　話：	
二、個案緣起	
三、問題行為概述	

四、背景資料	
(一)個人狀況	
1.生理狀況	
2.發展狀況	
3.心理特質（測驗資料）	
(二)家庭生活	
1.家庭組織結構圖：	說明分析：

2.家庭經濟狀況
3.居家環境
4.親子關係（含父母管教方式、態度）
(三)學校生活
1.學業表現

2.學習態度（含學習習慣、方式）
3.居家環境
4.同學關係
(四)校外社會關係

五、分析與診斷

六、輔導計畫與策略

個別輔導手冊

七、輔導經過

日　　　　　期 年　　月　　日	輔導方式	輔　導　過　程　紀　要 (含談話內容、學生或家長 反應、檢討與建議等項)	備註

輔導方式代號：1.電話　2.晤談　3.家庭訪問，請填代號。

八、輔導結果、檢討與建議
九、追蹤輔導

附錄三　社會資源機構

機構名稱	地址	電話
臺北市社會教育館幸福家庭中心	臺北市八德路3段25號	02-7725959
救國團青少年輔導中心－張老師	臺北市敦化北路131號	02-7172990
華明心理輔導中心	臺北市中山北路一段2號	02-3311193
宇宙光心理輔導中心	臺北市和平東路二段24號8樓	02-3633593
現代人力潛能開發中心	臺北市仁愛路二段99號3樓	02-3932226
信誼基金會學前兒童研究中心	臺北市重慶南路二段75號	02-3695303
中國家庭教育協進會	臺北市敦化北路238巷7號2樓	02-7120944
中華兒童福利基金會	臺中市西屯區甘肅路一段69號	04-3257725
國語日文化中心親子教育組	臺北市福州街2號8樓	02-3621133
友緣社會福利基金會	臺北市仁愛路四段71巷28號6樓	02-7413037
中華民國親子教育推廣協會	臺北市仁愛路四段46號4樓	02-7000395
導航文教基金會	臺北市柳州街40號7樓	02-3831996
臺北市少年輔導委員會	臺北市寧夏路89號	02-5530877
臺北青友之家	臺北縣永和市安樂路477號3樓	02-9239112
臺中青少年之家	臺中市西屯路二段200號2樓	04-3230660
伊甸殘障福利基金會	臺北市光北路60巷19號之6地下樓	02-7734507
雙溪啟智文教基金會	臺北市士林區至善路二段113巷81弄2號	02-8810001
天主教快樂兒童中心	臺北市萬大路387巷17號	02-3058465
基督教勵友中心	臺北市民族東路2號505室	02-5942492
臺大醫院兒童心理衛生中心	臺北市常德街一號	02-3123456
臺北市立療養院	臺北市松山區松德路309號	02-7622176
馬偕平安協談中心	臺北市中山北路二段92號9樓	02-5310505

機　構　名　稱	地　　　　　　　　　　址	電　　話
榮民總醫院青少年心理衛生中心	臺北市北投區石牌路二段201號	02-8719494
臺北市婦幼醫院兒童心智科	臺北市福州街12號	02-3916471
臺灣省立桃園療養院	桃園市龍壽街71號	03-3696400
臺灣省立草屯療養院	南投縣草屯鎮玉屏路161號	049-323891
高雄市立凱旋醫院	高雄市福成街2號	07-7513171
耕莘醫院心理衛生科	臺北縣新店市十二張路188號	02-9113391
中區心理衛生中心	臺中市三民路一段199號2樓	04-2204387
南區心理衛生中心	臺南市中山路125號	06-2262731

＊ 各地區另設有分支機構

附錄四 個人喜好調查表

姓　名：

填答時間： 年 月 日

　　填答方式說明：請依照你目前真實的喜好，以「打 ∨ 」，「填空」或「排列喜好的順序」三種方式來完成。

一、飲食方面：

(一)請從下列食品當中，勾出你所喜歡的項目：（至少勾出三項）

☐ 1.牛奶	☐ 2.水果	☐ 3.養樂多	☐ 4.果汁
☐ 5.汽水	☐ 6.紅豆奶	☐ 7.芋頭湯	☐ 8.綠豆湯
☐ 9.巧克力糖	☐ 10.牛奶糖	☐ 11.餅乾	☐ 12.麵包
☐ 13.蛋糕	☐ 14.包子	☐ 15.魷魚絲	☐ 16.口香糖
☐ 17.蜜餞	☐ 18.蛋黃酥	☐ 19.蛋捲	☐ 20.冰淇淋
☐ 21.粽子	☐ 22.滷味	☐ 23.瓜子	☐ 24.薯條

(二)其他還有那些食品是你所喜愛的？（請寫在空格內）

(三)請從上列你所打「∨」的及填出的食品中，挑出三項你所喜歡的食品，並依喜愛的程度列出：

最喜愛：　　　　　　，第二喜愛：　　　　　　，第三喜愛：　　　　。

二、物品方面：

(一)請從下列物品當中，勾出你目前所喜歡的項目：（請至少勾出三項）

☐ 1.漂亮徽章	☐ 2.跳繩用品	☐ 3.彩色筆
☐ 4.籃球	☐ 5.棒球用品	☐ 6.羽毛球用品

☐ 7.乒乓球用品　　☐ 8.飛盤　　　　☐ 9.溜冰鞋
☐10.運動鞋　　　　☐11.跑車　　　　☐12.皮夾子、皮包
☐13.一般手套　　　☐14.老夫子漫畫書　☐15.科幻小說
☐16.風景卡片　　　☐17.老師的照片　　☐18.小叮噹漫畫書
☐19.貼紙　　　　　☐20.明星畫報　　　☐21.鋼筆、自動鉛筆
☐22.音樂錄音帶　　☐23.漂亮的衣服　　☐24.唱片
☐25.裝飾品（髮夾、項鍊、別針）　☐26.可愛擺設品

(二)其他還有那些物品，是你目前所希望得到的？

(三)請從上列你所「ˇ」的及填出的物品中，挑出三項你最希望獲得的物品，
　　並依喜愛的程度列出：
　　最喜歡：　　　　　　，第二喜歡：　　　　　，第三喜歡：

三、活動方面：
　(一)請從下列活動中，勾出你所喜歡的活動：（請至少勾出三項）
　　　　　☐ 1.看電影　　　☐ 2.看電視　　　☐ 3.球類運動
　　　　　☐ 4.野餐烤肉　　☐ 5.騎車（越野車、協力車）
　　　　　☐ 6.露營　　　　☐ 7.釣魚　　　　☐ 8.游泳
　　　　　☐ 9.欣賞音樂　　☐10.看展覽　　　☐11.欣賞舞蹈
　　　　　☐12.美術、攝影　☐13.溜冰　　　　☐14.慢跑
　　　　　☐15.看體育競賽　☐16.彈奏樂器　　☐17.逛街
　　　　　☐18.划船　　　　☐19.登山　　　　☐20.玩電動玩具或電腦
　　　　　☐21.下棋　　　　☐22.玩樸克牌
　(二)其他還有那些活動是你所喜歡的？（請寫在空格中）

(三)請從上列所「ˇ」的及填出的活動中，挑出三項你最喜歡的活動，並依喜歡的程度列出：

最喜歡：　　　　　　，第二喜歡：　　　　　，第三喜歡：　　　。

四、人際關係方面：

(一)請從下列各種長輩對你可能表達的語言或動作中，勾出所喜歡的方式：（請至少勾出三項）

□ 1.「你真是個好孩子。」　　　　□ 2.「這件事情做得很不錯。」

□ 3.「我相信你已經很用心了。」　□ 4.「繼續努力吧！」

□ 5.「看到你很進步，我很高興！」

□ 6.「你的幫忙，正是我所需要的。」

□ 7.「吃得苦中苦，方為人上人，用功吧！」

□ 8.「你的進步不少。」

□ 9.「你蠻聰明的，如果肯多努力，就好了！」

□10.拍拍你的肩膀。　　　　　　□11.摸摸你的頭。

□12.對你微笑。　　　　　　　　□13.用手圍著你的肩膀。

□14.注視你。　　　　　　　　　□15.點頭讚許。

□16.擁抱你。　　　　　　　　　□17.與你玩摔角、柔道。

□18.牽著你的手。

(二)其他還有那些長輩對你的表達方式是你所喜歡的？

(三)請從上列你所「ˇ」的及填出的表達方式中，挑出三項你喜歡的方式，並依喜歡的程度列出：

最喜歡：　　　　　　　，第二喜歡：　　　　　　　，第三喜歡：

五、權力方面：

(一)在家中，有那些權力（例如；決定菜單、分配家事），是你喜歡擁有的？
　　請至少寫出一項：

(二)在學校，有那些權力（例如：發簿子、喊口令），是你所喜歡擁有的？請
　　至少寫出一項？

參考文獻

方紫薇（民75）：青少年自我統整發展暨價值澄清團體諮商對高一女生自我統整之影響。國立台灣師範大學輔導研究所碩士論文。

朱瑞玲譯（民72）：自我肯定的人生。眾成出版社。

阮大年等（民77）：走出自己的路（二版）。台北市，正中書局。

吳英璋、王守珍校閱（民76）：理性心理治療。台北市：大洋出版社。

吳武典（民74）：青少年問題與對策。台北市張老師出版社。

吳麗娟（民74）：理情教育課程對國中學生理性思考、情緒穩定與自我尊重之影響。國立台灣師範大學輔導研究所碩士論文。

吳麗娟（民76）：讓我們更快樂——理性情緒教育課程。台北市：心理出版社。

何麗儀（民79）：生涯試探計劃對國中三年級男生職業自我概念、生涯成熟、生涯決定之

影響研究。國立台灣師範大學輔導研究所碩
士論文。

宋湘玲、林幸台、鄭熙彥（民74）：學校輔導
工作的理論與實施。高雄市：復文書局。

邱連煌（民70）：價值之新方法：價值澄清。
師友133、134期。

林幸台（民76）：生計輔導的理論與實施。台
北市：五南出版社。

林淑玟（民78）：職訓機構內肢體殘障者自我
觀念系統與生涯成熟的關聯及其影響因素之
研究。國立台灣師範大學特殊教育研究所碩
士論文。

金樹人（民77）：生計發展與輔導。台北市，
天馬文化事業有限公司。

洪有義編（民72）：價值澄清法。台北市：心
理出版社。

洪有義（民74）：行為改變技術與運用。台北
市國中春暉密集輔導（廿）。

洪有義（民75）：個案研究法。載於台北市政
府教育局「春暉密集輔導論文集」。

郭生玉（民75）：個案研究的實施過程。載於
　　台北市政府教育局「春暉密集輔導個案研究
　　」（台北市輔導叢書三十二輯）頁3-6。

袁志晃（民71）：國中學生工作價值之研究——
　　性別、年級、家庭、社經地位、學業成就、
　　地區之比較。輔導學報第 5 期，163-
　　183頁。

夏林清（民76）：價值澄清輔導等技巧介紹。
　　台北市國中春暉密集輔導專集（四十）。

陳李綢（民79）：個案研究的意義及方法。諮
　　商與輔導，57期，頁37-39。

陳榮華（民74）：行為改變技術。中國行為科
　　學社。

黃正鵠（民71）：諮商的引導技術。高雄市：
　　復文出版社。

黃惠惠（民80）：助人歷程與技巧（增訂）。
　　台北市：張老師出版社。

黃德祥編譯（民76）：諮商與心理治療理論與
　　實施。台北市：心理出版社。

新竹市政府（民80）：學生偏差行為之輔導與

個案研究實例。

鄭芬蘭（民78）：生計動機教育課程對國中生職業與教育抱負水準、生計定向、精熟動機與冒險行為之實驗研究。國立台灣師範大學教育心理與輔導研究所碩士論文。

臺北市少年輔導委員會（民77）：少年受恐嚇勒索之成因與防治對策。

臺北市芳和國中（民79）：台北市七十八學年度國民中學學生校園問題行為調查報告。

臺北市政府教育局（民74）：國中生計輔導策略。

臺北市教師研習中心（民80）：個案研究報告第四輯——偷竊與暴力犯罪。

劉焜輝（民67）：讀書治療的基本概念及其實施。測驗與輔導雙月刊第六卷，第六期。

劉焜輝（民73）：青少年不良適應行為——形成原因及輔導策略。臺北市：天馬出版社。

劉焜輝（民74）：諮商實例研究。臺北市：天馬出版社。

劉焜輝（民75）：個案研究的方法與報告之撰

寫。載於台北市政府教育局「青暉密集輔導論集」（台北市中學輔導叢書三十二輯），頁185-187。

劉焜輝（民75）：個案研究與常見的缺點及其改進。載於台北市政府教育局「春暉密集輔個案研究」（台北市中學輔導叢書三十三輯）頁7-12。

劉焜輝（民76）：青少年不良適應行為 —— 形成原因及輔導策略。臺北市：天馬出版社。

劉焜輝、段秀玲（民79）：個案研究 —— 理論、實務、案例。台北市：天馬出版社。

謝淑玲（民79）：理情團體諮商對國小高焦慮兒童理性思考、反應、自我概念及內外控信念的影響。

謝淑玲（民80）：兒童理情故事。台北市：心理出版社（印製中）。

輔導諮商 15

個別輔導手冊

審 閱 單 位：教育部訓育委員會
審 閱 者：楊極東、鄭崇趁
主 編 者：林幸台
編 著 者：林幸台、呂 琪、張月艮
何麗儀、林清文、張銀釵
發 行 人：邱維城
出 版 者：心理出版社股份有限公司
社 址：台北市和平東路二段 163 號 4 樓
總 機：(02) 27069505
傳 真：(02) 23254014
郵 撥：19293172
E-mail ：psychoco@ms15.hinet.net
網 址：www.psy.com.tw
駐美代表：Lisa Wu
Tel ：973 546-5845 Fax：973 546-7651
登 記 證：局版北市業字第 1372 號
印 刷 者：玖進印刷有限公司
初版 一 刷：1991 年 12 月
初版十二刷：2003 年 10 月

國家圖書館出版品預行編目資料

個別輔導手冊 / 林幸台等編著. --初版.--
　　臺北市：心理，1991 [民 80]
　　　　面；　公分. -- （一般輔導；31）
　　參考書目：面
　　ISBN 957-702-038-0 (平裝)

1.輔導（教育）—手冊，便覽等

527.42026　　　　　　　　　　87006180

讀者意見回函卡

No. _____   填寫日期：　　年　　月　　日

感謝您購買本公司出版品。為提升我們的服務品質，請惠填以下資料寄回本社【或傳真(02)2325-4014】提供我們出書、修訂及辦活動之參考。您將不定期收到本公司最新出版及活動訊息。謝謝您！

姓名：_____　　　　　性別：1□男 2□女
職業：1□教師 2□學生 3□上班族 4□家庭主婦 5□自由業 6□其他_____
學歷：1□博士 2□碩士 3□大學 4□專科 5□高中 6□國中 7□國中以下
服務單位：_____　　部門：_____　　職稱：_____
服務地址：_____　　電話：_____　　傳真：_____
住家地址：_____　　電話：_____　　傳真：_____
電子郵件地址：_____

書名：_____

一、您認為本書的優點：（可複選）

　❶□內容 ❷□文筆 ❸□校對 ❹□編排 ❺□封面 ❻□其他_____

二、您認為本書需再加強的地方：（可複選）

　❶□內容 ❷□文筆 ❸□校對 ❹□編排 ❺□封面 ❻□其他_____

三、您購買本書的消息來源：（請單選）

　❶□本公司 ❷□逛書局⇨_____書局 ❸□老師或親友介紹

　❹□書展⇨____書展 ❺□心理心雜誌 ❻□書評 ❼□其他_____

四、您希望我們舉辦何種活動：（可複選）

　❶□作者演講 ❷□研習會 ❸□研討會 ❹□書展 ❺□其他_____

五、您購買本書的原因：（可複選）

　❶□對主題感興趣 ❷□上課教材⇨課程名稱_____

　❸□舉辦活動 ❹□其他_____　　　　（請翻頁繼續）

心理出版社 股份有限公司

台北市 106 和平東路二段 163 號 4 樓

TEL:(02)2706-9505
FAX:(02)2325-4014
EMAIL:psychoco@ms15.hinet.net

沿線對折訂好後寄回

六、您希望我們多出版何種類型的書籍

　　❶□心理❷□輔導❸□教育❹□社工❺□測驗❻□其他

七、如果您是老師，是否有撰寫教科書的計劃：□有□無

　　書名/課程：＿＿＿＿＿＿＿＿＿＿＿＿＿＿＿＿＿＿＿＿＿＿

八、您教授/修習的課程：

上學期：＿＿＿＿＿＿＿＿＿＿＿＿＿＿＿＿＿＿＿＿＿＿＿＿

下學期：＿＿＿＿＿＿＿＿＿＿＿＿＿＿＿＿＿＿＿＿＿＿＿＿

進修班：＿＿＿＿＿＿＿＿＿＿＿＿＿＿＿＿＿＿＿＿＿＿＿＿

暑　假：＿＿＿＿＿＿＿＿＿＿＿＿＿＿＿＿＿＿＿＿＿＿＿＿

寒　假：＿＿＿＿＿＿＿＿＿＿＿＿＿＿＿＿＿＿＿＿＿＿＿＿

學分班：＿＿＿＿＿＿＿＿＿＿＿＿＿＿＿＿＿＿＿＿＿＿＿＿

九、您的其他意見

＿＿＿＿＿＿＿＿＿＿＿＿＿＿＿＿＿＿＿＿＿＿＿＿＿＿＿＿＿

謝謝您的指教！

21015